姓氏寻根与起名的艺术

潘鸿生◎编著

金城出版社
GOLD WALL PRESS
·北京·

图书在版编目(CIP)数据

姓氏寻根与起名的艺术 / 潘鸿生编著. — 北京 ：金城出版社有限公司，2021.5

ISBN 978-7-5155-2140-4

Ⅰ. ①姓… Ⅱ. ①潘… Ⅲ. ①姓名学－中国－通俗读物 Ⅳ. ①K810.2-49

中国版本图书馆 CIP 数据核字(2020)第 248149 号

姓氏寻根与起名的艺术

作　　者 潘鸿生
责任编辑 张礼文
责任校对 丁洪涛
开　　本 710 毫米×1000 毫米　1/16
印　　张 15
字　　数 120 千字
版　　次 2021 年 5 月第 1 版
印　　次 2021 年 5 月第 1 次印刷
印　　刷 三河市悦鑫印务有限公司
书　　号 ISBN 978-7-5155-2140-4
定　　价 45.00 元

出版发行 **金城出版社有限公司** 北京市朝阳区利泽东二路 3 号　100102
发 行 部 (010) 84254364
编 辑 部 (010) 84250838
总 编 室 (010) 64228516
网　　址 http://www.jccb.com.cn
电子邮箱 jinchengchuban@163.com
法律顾问 北京市安理律师事务所（电话)18911105819

前言

我们每个人都有姓名，而且无论在社会交往中，还是在生活中的其他方面，都要用到自己的名字。当你有了一个特定的名字，它便传达着一个特定的信息，这个人是你，而不是别人。这个符号把你和别人区别开来，即使不认识你的人，提起你的名字，也能了解一定量的信息。

当代社会，人名作为一个符号，具有鲜明的个性化特征，它能蕴含着你的相貌、职业、出身、文化程度、社会地位和思想品格等，在某种程度上，可以说是名主一生的缩影。一个好名字往往蕴含着起名者的期望，也给名字的主人以鼓励，使他能朝着自己的目标和理想前进，努力使自己“名副其实”。

古人云，人如其名，名不正则言不顺。中国人的名字，不仅是单纯的“称谓”“符号”或“代号”，而且还是中国文化的缩影。中国古人认为，名字蕴含着天地之间的精、气、神，有着神奇的力量。我们的祖先很早就开始研究姓名学。遍览我国古代文献，很多先贤的著作中都能寻觅到姓名学的踪迹。姓名学在发展过程中，逐渐与易学相融合，成为易学理论的延伸与发展，成为我国神秘文化中的一部分。可以说，姓名乃民俗学、社会学、心理学、历史、哲学之综合成果，是一个人外在形象、文化素质、价值观念、情趣喜好之标志。一个符合自己心理需求的好名字，在心理上给人以暗示和引导，给人自信，激励前进。因此，姓名跟随人一生，影响人一生。

名字是一个人社会身份的符号，在人的一生中具有重要的作用，如“人过留名、雁过留声”“名声显赫”“闻名遐迩”“大名鼎鼎”“名声远扬”“名扬四海”，等等。如今名字与其一生不变的身份证号码，负载着一个人所有信息，在大数据时代，名字的重要性，超过了史上任何一个时期。

名字是一个人一生中最宝贵的财富之一，名字就是个人的品牌。好名字可以是一幅画、一首诗、一首歌、一句座右铭、一声美好的祝福，也可以是一片理想的彩云、一道催人深省的闪电、一阵夏日的凉风、一场温润心灵的春雨。有的名字凝结伟人之志；有的名字深含哲人之思；有的名字构思巧妙，闪耀着智慧的火花。好名字的音、形、义俱佳，智趣隽永，具有千古不朽的魅力，丝毫不亚于玲珑剔透的艺术品。

为了弘扬传统文化及配合大家求“好名”若渴的诉求，我们专门编辑了这本起名学书籍。本书在继承古人智慧结晶的基础上，又结合现代人的研究成果，对姓名学做了细致全面的阐释和讲解，融知识性和趣味于一体，可谓美名之列锦，文化之汇流，知识之集萃，数典论事，包罗宏富，雅俗并兴，亦庄亦谐，妙趣横生，具有较高的实用价值和欣赏价值，适合城乡广大起名者和姓名学爱好者阅读和参考。

目　录

第一章

中国的姓氏文化

中国人的名字，不仅是用来区别彼此的符号，而且还是中国传统文化的一部分。要想取个好名字，我们首先要了解和掌握中国的姓氏文化。

姓名的重要性

姓名是一个人的社会符号，凝聚一个人大量的信息，伴随一个人一生一世。一个人从出生以后，便有了自己的姓名，并以此参加各种社会活动。

姓名是社交发展的产物，它的直接功能便是姓名所有者区别他人的代表符号，供人们称呼，供人们识别。两个人第一次见面时，往往先问对方“贵姓”，之后再请教“大名”，以便于今后交往。

每个人都有姓与名，姓名不仅是一个人区别其他人的符号，还能折射出不同家庭的思想观念、文化传承、兴趣追求等差异，有时还代表一个人的形象、层次和品位。说得形象些，名字就如同一个人的形象。一个人对另一个人的认识，首先是从对方形象开始的，得体的个人形象往往会给人留下良好的第一印象。可以说，在某种程度上，名字承载着一个人大量的社会信息。

在国外，曾有人做过这样一个实验。首先，准备 20 位年轻女性的照片，然后让一些男性写评语。再把照片收回，在每张照片上标上名字，再拿去让这些男性重新写评语。结果，那些名字动听的女性的评语好上加好，原来评价不错的女性的评语因名字不好而有所降低。从这个例子我们可以看出，一个人给他人的第一印象会受到他名字的影响，进而间接地影响到他人对他的再认识。

古代贤哲尹文子说过，“形以定名，名以定事，事以验名”。这句话的意思是说，观察辨别事物、人物，必先定名而后才可以成事。而事物的成败得失，又可以验其名。事实确实如此，可以说，人名即人，言其名可以想到其为人。譬如一提到“花木兰”，大家都会想到古代一位替父从军、为国杀敌的女英雄；提到“雷锋”，就会联想到一个助人为乐、无私奉献、为人民服务的好军人。同样，提到“秦桧”，人们就会想到南宋的奸臣卖国贼，宋以后无人以“桧”为名，就是因为秦桧已成为奸臣小人的代表，人因恨其人而鄙其名。相反，一个人为国家、为民族、为社会做出了贡献，赢得了人们的敬重，他的名字则会成为人们崇拜的对象。海湾战争结束后，驻海湾美军司令施瓦茨科普夫成为美国人民心目中的英雄，据报载，他的名字被广泛传颂，许多美国人用他的名字为婴儿起名。

俗话说，好名伴一生，好名扬四海。名字寄寓着一个人对幸福生活的向往、似锦前程的憧憬、万事如意的希冀、建功立业的渴望、鸿鹄之志的寄托、聪明俊美的追求、意志坚强的企盼、才华横溢的向往、文化内涵的体现，因此名字不仅是一个人的符号或标志，更为重要的是，在中国人的心目中，名字在人的一生中具有重要的意义，已经超出了名字作为符号的作用。一个好名字，往往给人以鞭策、警示、希望，让人不断地从中汲取力量，在做人做事方面都觉得要对得起自己的名字。一个承载希望、独具魅力的名字，像一团熊熊燃烧的烈火，激励着他勇往直前；像一条奔腾的江河，推动着生命之舟奔向浩瀚的大海。

姓名是一个人安身立命的根本，一个名字与人的一生是紧密联系的。那些响亮上口、寓意深刻而又新颖别致的名字，会让他时刻铭记祖先的荣耀、父母的希望，会时刻激励和推动他追求自己的梦想，成就辉煌人生。从古至今，凡是那些对当时国家和社会做出过卓越贡献的历史人物，都是本着做事先做人，做人先立名的原则，爱惜名誉、注重气节，创造了名垂青史的伟大事业。

每个人都想创建一番伟业，做生活的强者，成就最好的自己，那就先得从自己起个好名字做起，并愿我们的好名字因为我们的人生、事业与日月同辉。

姓的起源

大家都知道，名字是由姓和名两部分构成的，要了解姓名，就有必要先了解什么是姓和氏。

对于“姓”，《说文解字》是这样解释的：“姓，人所生也。古之神圣母，感天而生子，故称天子；从女从生，生亦声。”这个解释说的是，“姓”是会意兼形声字，其中的“生”只是表示读音，意义是从“女”得来的。“姓”的本义可以理解为，源于同一女性始祖的族属的共同标志。姓源于母系社会，同一个姓表示同一个母系的血缘关系。中国最早的姓，大都从“女”旁，如，姜、姚、姒、妫、嬴等，可以推断早在母系氏族时期，姓已经形成，是由母权制社会中妇女的地位所决定的，其作用是便于通婚与鉴别子孙后代的归属。同姓人禁止婚配，异姓氏族之间可以通婚，子女归母亲一方，以母姓为姓。

姓是怎么来的？据我国文献记载和考古发现，姓最早萌生于人类的原始部落，源于母系氏族社会的图腾崇拜，距今已有五千多年的历史。在原始蒙昧时代，各部落、氏族都有各自的图腾崇拜物，比如麦穗、熊、蛇等都曾经是我们祖先的图腾，这种图腾崇拜物成了本部落的标志。后来便成为这个部落全体成员的代号，即“姓”。由于古代氏族部落的数量毕竟是有限的、可数的，所以，纯正的远古时代留下来的姓是很少的。

在民间传说中，夏朝曾发生过一场超级大洪水，许多田地房舍被淹没了，很多动物都在洪水中浮沉。这时只有涂山氏姑娘骑在巨龙的背上没有被淹没，她漂到一座山丘上，四周都是洪水，只有山丘上的薏苡草一片碧绿，成串的红色果实在绿叶丛中闪烁着，煞是好看。姑娘便随手摘下薏苡草把玩，并吃又甜又香的薏苡果充饥，立刻肚子就无饥饿感。后来洪水退了，姑娘感到肚子里阵阵震动，就像怀了孩子一样。十月以后，她便生了个男孩，取名为启。这“启”有开发的意思。他就是大禹的儿子。大禹就是一条巨龙，涂山氏姑娘因骑在它的背上，所以能够生存下来，又因吞食了薏苡果而怀孕，所以夏人就以薏苡为图腾，薏苡的“苡”与“姒”同音，因此夏人为姒姓。

商（殷商）是我国第二个朝代。传说，帝誉有三个女儿，小女儿简狄长得最美，也最聪明。有一天，她们三姊妹到宫殿外小溪边玩耍，看见天上有几只玄鸟（燕子）在飞。忽然其中一只玄鸟冲到溪边的芦苇丛中。简狄看见那只玄鸟在草丛中接连产出几枚鸟卵，光洁莹亮，像似玉石。之后，那只玄鸟又飞向天空。简狄悄悄地进入草丛中，捡起鸟卵把玩。玩着玩着，又把它放到嘴里，一不小心，鸟卵便吞进肚里，因此她怀了孕，正如涂山氏姑娘吞了薏苡果而怀孕一样。所以商人就以玄鸟为图腾，把鸟卵叫作“子儿”，故简狄把生下来的男孩子作为“子姓”。《诗经·商颂·玄鸟》所谓“天命玄鸟，降而生商”即指此事。

周人姓姬。传说上古时期，有个叫姜嫄的女子，看到草坪上有巨人的足迹，就踏着足迹走过去，心里觉得很快活，肚子里好像有了孩子一样在动。她回家后十个月，生了一个儿子。她觉得这个小孩是个“不祥之物”，几次想把他丢弃，但因各种原因没有成功。她觉得这个孩子很神奇，就抱回去养育，并取名为“弃”。弃从小爱种庄稼，长大后当了尧帝的农官，成为农业始祖，尧把邰地封予他。他是我国最早种稷和麦的人，后人就称他为后稷。周人因为其始祖母姜嫄踩了巨人的足迹（熊足迹）而受孕生了后稷，所以周人以熊为图腾，并姓“姬”。对于这个“姬”字，应做一点说明：据周作云先生《周祖先以熊为图腾考》（1979）研究，姬字的“臣”旁原像“熊足迹”之形，姬字从女从臣，即由姜嫄（女）履大人之迹（熊足迹）的图腾信仰而来。

从以上几个故事可以看出，姓的起源应该始于女性。姒与薏苡，子与燕卵，姬与熊足印，都与图腾有神秘的关系。

在母系氏族社会，一个人“只知其母，不知其父”，因而世系的计算只能以母系为准。凡是在一个氏族名下的全体成员均出自一个共同的母系祖先，从母而得姓。由于同姓成员均源于同一母系始祖，有共同血缘关系，加上先民在长期的生活实践中，逐步懂得了“男女同姓，其生不蕃”的道理，因而在先秦时期，已严禁同姓结婚。后世所谓“氏同姓不同者婚姻可通；姓同氏不同者，婚姻不可通”的习俗，即源于此。因此，订婚之前，首先要“男女辨姓”，如同姓结婚，尽管血缘关系很远，也被视为违背礼制。“姓别婚姻”这一社会功能，体现了中华民族悠久的文明礼仪，也完全符合现代优生学的科学理论。

由原始社会的图腾演变为姓族组织，这是姓氏的首次演变，即姓的产生。这时，姓作为氏族的标志和徽号，其功能就在于维持“同姓”全体成员共同世系，借以把不同血缘的氏族区别开来。从此，姓即成为区分族别、维系血缘世系的历史凭证和血缘纽带。

总之，中国远古时代的居民，在氏族名称或标记方面，有着自己的特点，这就形成了姓。它是氏族的标志，却不包含氏族祖先这个含义，也没有对它产生禁忌和崇拜。

作为某一群体的姓，数量起初并不多。相传黄帝之子共25人，《国语》中记载“其得姓者十四人，为十二姓，姬、酉、祁、己、滕、箴、任、荀、僖、佶、儇、衣”。

明末清初思想家顾炎武认为，“言姓者，本于五帝，见于《春秋》者得二十有二”。即：妫、姒、子、姬、风、嬴、己、任、姞、祁、芈、曹、妘、董、姜、偃、归、曼、熊、隗、漆、允。

当今学者统计，周代见于文献的姓有34种，依其来源，可分为原生姓（如风、姜、姬、嬴、偃等）、分化姓（如姚、姒、妫等）和尚未考证出其起源的姓（如曼、归、熊、隗、怀、允、漆等）三组。

相关研究表明，先秦古姓约50个，这也是各代学者一致认可的。目前，我们正在使用的和曾经在历史上出现过的姓，多达上万个。这么多的姓，是怎么来的呢？这就不得不提到“氏”的出现。

氏的起源

在现代人看来，姓和氏似乎是一样的，没有什么区别，但在古代，姓与氏完全不是一回事。《左传·隐公八年》有一段著名文字，精要地阐明了“姓”和“氏”之间的关系和区别：“天子建德，因生以赐姓，胙之土而命之氏。诸侯以字为谥，因以为族；官有世功，则有官族，邑亦如之。”意思是说，天子分封诸侯，根据出生而赐姓，又分封土地而称氏，诸侯以字作为谥号，后人便作为族号；担任官职而世代有功者，就以官名为族号；也有以受封采邑作为族号的。这里的族号，就是“氏”。

上古时代的姓与氏是不同的，它们之间既有联系，又有区别。通俗来讲，一个“姓”可包括很多个“氏”，这就是《通鉴·外纪》所谓“姓者，统其祖考之所自出；氏者，别其子孙之所自分”。其意思就是说，姓是大宗的族号，氏是由大宗分出的支系小宗的族号。

氏是由姓衍生出来的分支，它的古时读音同“支”。由于子孙的繁衍，一个氏族分成了若干支，每支都有自己的特殊称号，这就是氏。与姓不同的是，它是源于同一男性始祖的族属共同所有的符号标志，并且源于父系氏族社会和以后的奴隶社会。

氏的出现较姓为晚，我们前面提到过，姓起源于母系氏族社会，后来由于社会发展，人口不断地繁殖、增长，因此，氏族不得不分化为另一支族，同时母系氏族逐渐转变为父系氏族，这样从母亲的姓逐渐转变为父亲的姓，即由母系转变为父系。

据文献记载和考古发现，氏最早在原始社会晚期形成。黄帝时已有“胙土命氏”。随着氏族制度的解体和阶级社会、国家制度的形成，出现了赏赐封赠土地以命氏的习惯。继而，氏之源起，形成滥觞，出现以各种形式得氏的现象。郑樵《通志·氏族略·序》中称：“三代（夏、商、周）之前，姓氏分而为二，男子称氏，妇人称姓，氏所以别贵贱，贵者有氏，贱者有名无氏……姓所以别婚姻，故有同姓、异姓、庶姓之别；氏同姓不同者，婚姻可通；姓同氏不同者，婚姻不可通。”也就是说，先秦时期，氏不仅是部族、宗支的徽号，也是社会地位尊卑、贵贱的标志。最初，氏是同姓部落的名称，后来则逐渐演变为专指部落首领相沿承袭的尊号。传说中父系社会英雄人物的称号，均加“氏”以尊称，如炎帝神农氏，黄帝轩辕氏，太昊伏羲氏，少昊金天氏等，即是例证。

在最早的时候，氏与姓都是不多的，但随着社会不断发展和后代长期繁衍，同姓必然越来越多，加之有些家族、部族的分徙或孳变，往往以血缘血统支系分出一些支系来，这些支系需要拥有一个属于自己的名称，这样便分化产生出一些新的氏。所以，这时候的氏是姓的支系，用以区别子孙之所由出生。这种区分不仅是血缘的亲疏，而且也表示地位与财富的差异。这种分化趋势，伴随着母权制向父权制的转变而日益明显，进入阶级社会又大大加速了。如夏为姒姓，而在姒姓之下又分为夏后氏、有扈氏、有男氏、斟寻氏、彤城氏、褒氏、费氏、杞氏、缯氏、辛氏、冥氏、斟戈氏等；商为子姓，而在子姓之下“其登名氏三百六十夫”（《史记·周本纪》）。

经过上千年的历史变迁，中国到底有多少姓呢？这是很难考证的问题。正是因为历史悠久，在这个过程中，不断有新的姓氏在新的需要下产生，也不断有一些姓氏在发展过程中被淘汰。

先秦时代的姓氏书籍《世本》共收入了18个姓875个氏。

汉朝关于姓氏的书籍《急就篇》收入了130个姓，其中单姓127个，复姓3个。

唐朝初期的《大唐氏族志》中共收录了293个姓。到了中叶，《元和姓纂》中收录姓氏1233个。这个数字和汉朝时的130个相差1103个，可见，姓氏在唐代迅速增加了。

宋朝的姓则就更多了。宋时编撰的《通志·氏族略》一书，共收录姓氏225个，另一本《姓解》一书，则共收录姓氏2568个。

到了明代，陈士元的《姓觿》一书，共有姓氏3625个；《续文献通考》中收录了4657个姓氏。

1969年，王素存著的《中华姓府》中，收集到的姓氏达到了7720个。1984年，《中国姓氏汇编》收录姓氏5730个。1984年，《中国姓氏大全》中收录姓氏5600多个。1996年的《中国姓氏大辞典》中，统计了从古到今用汉字记录的姓氏共有11969个。

姓氏的合一

“姓别婚姻”“氏明贵贱”，这种姓氏相别的制度，历经夏、商、西周，一直延续到春秋时期尚未发生变化。到春秋末期，战国初期，由于社会处于急剧变动之中，姓氏相别的制度发生动摇。

春秋战国时期，齐、秦、燕、楚、赵、魏、韩七国争雄，社会动荡，“礼崩乐坏”，周王室的实力和权威江河日下，封邦建国、世卿世禄的宗法制度难以为继。“君子之泽，五世而斩”，昔日的公子王孙，多已沦落为平民。而一些卿大夫乘势崛起，原来地位低下的士人阶层逐步登上政治舞台，如商鞅、范雎、苏秦、张仪，往往依仗自己的才能功业，裂土封侯，成为新的贵族阶层，产生了新的氏族。尤其是春秋末期，随着“井田制”的破坏和土地私有制的确立，拥有大片土地私有权的地主阶级取代了由嫡长子世袭土地臣民的领主阶级。在这种大动荡、大混合的浪潮中，以国、以邑为氏作为“别贵贱、显门第”的标志，也就失去了意义。这样，立氏的古制就被完全破坏了。数量很少的“姓”则被大量的“氏”所淹没，氏取代了过去姓的地位。同时，氏加名的基本模式也开始盛行。作为以家庭为基本单位的宗法社会，无论是姓还是氏，除了用于自己家族的标志外，其他的社会作用或是消亡，或是削弱，姓氏合一从而成为一种必然的历史趋势。

公元前 221 年，秦始皇统一中国，确定以郡县制作为中央控制地方的制度，阶级地缘政治从此取代氏族血缘政治，姓与氏的区别实质性的死亡了。司马迁在《史记》中，称秦始皇曰：“姓赵氏”，称汉高祖刘邦曰：“姓刘氏”。秦汉以后，姓氏不别，或言姓，或言氏，或兼称姓氏。这种姓氏合一的结果，使原先用以明贵贱的氏，完全融入原始的姓中，极大地丰富和扩展了姓的数量和内涵，形成了当今姓氏的主体。

由先秦时期的姓氏相别，到秦汉以后的姓氏通用、姓氏合一，是姓氏演变的一大转折。至此，姓氏体系基本定型，历朝历代虽有所变化和发展，但基本上都遵循了“姓氏合一”这种模式，沿用至今。

名字的由来

在中国源远流长的历史中，名字被一代又一代的人赋予了丰富的含义。现代人所说的“名字”只相当于古代的“名”，成了偏义复词，与古代所说的名字不同。古代的名与字分指，均为一个人的称号。古人有名有字，而现代人大多有名无字。

那么，人名是怎样产生的？又是怎样演进和发展的？其文化意蕴绚丽多彩，十分丰富，回溯起来颇有意味。

远古时代，我们祖先过着茹毛饮血的群居生活，以采集狩猎维持生活，那时还不需要姓名来区分彼此。后来，随着生产力发展和社会进步，人口越来越多，人与人之间的交往日渐频繁。某一群人与另一群人都有了各自的标志，即我们所说的“姓”；在一群人中间，为了区分彼此，也出现了只属于个人的标志，这种标志也就是我们所说的“名”。在社会交往中，无论哪一群人中的哪一个人，都只用“名”便可以区分彼此，若与另一群人交往，仅仅称“名”便不能完全表明自己的身份，只有把自己所在人群的标志“姓”与自己的标志“名”结合在一起，才能充分地表明自己的身份。这种一群人的标志和自己标志的结合，便是人类最早的姓名。

“名”，是一个人最基本的称呼，是代表一个人并区别于他人的语言符号。关于人类名字的起源，单从汉字“名”字本身便可推知其最初含义。“名”字由“夕”和“口”两部分组成，对此，《说文解字》解释说：“名，自命也，从口、夕。夕者，冥也，冥不相见，故以口自名。”意思是说，在早期的社会交往中，人们白天可能通过形体、面貌、声音相互识别，但在晚上，相互看不清楚，就只能通过自报名字来区分。可见，人名的产生是社会交往的需要，它的最本质的作用，就是在社交中便于区分彼此到底是谁。

在我国传统习俗中，“名”是在孩子出生一百天之后由父亲取定的，据《礼记·内则》记载，到了给孩子取名这天，由母亲抱着孩子来到厅堂见他的父亲，父亲郑重地握住孩子的手，给他取名。名取定以后，母亲把孩子抱回内室，然后把孩子的名字通告亲戚，父亲则立即把这个消息告诉朋友，并报告地方长官，入籍登记。因此命名仪式非常隆重，是孩子一生中的第一件大事。这种习俗现在虽然没有了，但给孩子过“百日”的风俗依然长盛不衰。

在古代，人们的名字往往比较简单明了，起名最初的动机主要是为了区分每个个体，并不一定包含深刻的寓意，所以从形式到内容都比较单纯。譬如商代帝王喜欢以天干起名，从商汤到商纣一共有 31 个帝王，都是用天干起名的，如外丙、大甲、祖乙、盘庚、帝辛等。除了帝王以外，商代的贵族也有用天干起名的，在商代青铜器的铭文里出现很多这样的人名，如父辛、父癸、虎父丁、弓父庚等。天干是用来记日的，以天干起名，大概是记录诞生的时间。在上古时期，人们起名，完全出于一时的感想，并没有更深的文化内涵。拟定出来的名字大都局限于纪念意义，素材信手拈来，不加雕琢。例如春秋时期，晋成公出生时屁股上有一块黑斑，故取名“黑臀”；楚公子出生时胳膊上有一块黑记，故取名“黑肱”。秦始皇生于正月初一，故取名“政”（古代“政”与“正”通用）。据《孔子家语》载，孔子的儿子出世时，鲁昭公派人送来了一条鲤鱼，孔子感恩戴德，为了表示纪念，给儿子取名为“鲤”，字“伯鱼”。瞧，连孔夫子起的名字都是这样平凡。

从周代开始，中国的名字开始注重文采，并逐渐成为一种外在美与内涵结合，具有深刻的寓意。从此以后，古人起名用字，在风格上更加庄重、典雅，在形式上更加新颖、别致。尤其令人瞩目的是时代精神和社会时尚对人名的重大影响，人名被赋予了更为深刻的社会内容。中国人的名字（包括姓氏），多数是由二至四个字组成的，这些汉字，可以组词、连语成句；可以摹状、抒情、言志；可以比喻、象征、用典；可以美声、造型、斗智，其表达功能是丰富多彩的。

可以说，姓名是远古时代出现的一种文化现象，它的起源和发展，经历了由不完善发展到完善的漫长过程。最早，它只是人们随意用来区分彼此的称号，经过演变成了固定身份的标志，在文字出现以后又以文字形式记载下来。文字从产生的那天起，就已显示了无可替代的作用。随着名字本身的不断发展和完善，不论现在还是将来，它都是人类社会中不可或缺的东西。

姓名的发展见证了人类文明的发展，它是一个社会的文化现象；就个体生命和自我价值而言，一个人的名字又是个体存在与生活的象征。因此，人类应该感谢自己有姓有名，它不仅为人类传承文化，再现历史，也在推动着人类历史和文化的发展。在通向未来的漫长岁月里，姓名与人类生活的关系将更加密切，姓名的使用频率都将大大超过以往的任何时代。

中华姓氏的来源

众所周知，中国有着非常悠久的历史，几千年纷繁复杂的历史变迁，使得姓氏几经变化。同姓不一定同源，如刘姓就有五处起源。异姓也可能是同出一宗，如古、吴两姓本同源，都是古公先祖的后裔。由于年代的久远和环境的复杂，姓氏的具体来源，在历史上存在着很多种不同说法。大体来说，姓氏起源有以下几种：

1. 以图腾为姓氏

氏的产生途径多种多样。前文提过，最早的姓氏源于母系氏族社会的图腾崇拜。据《史记》记载："轩辕乃修德振兵，治五气，艺五种，抚万民，度四方。教熊罴貔貅豹虎，以与炎帝战于阪泉之野，三战，然后得其志。"文中黄帝所率的"熊、罴”等猛兽，即所谓“六兽之师”，实则是以这六兽为图腾的六个氏族。后来，这些氏族又将它们用作区别其他氏族的标志——氏。

2. 以居住地为姓氏

以居住的地点作为姓，是古人姓氏的来源之一。例如，郑大夫子产居住在东里，其子孙于是以“东里”为氏。齐国的陈仲子本为世家，后来他辞去爵位，灌园于于陵，他的后裔便以“于陵”为氏。属于此类的氏还有东郭、南宫、西间、北丘、百里等。

3. 以国名作为姓氏

许多氏族原有分封国号，子孙以国为姓。例如，周武王封文叔于许，建许国，其后人以许为姓；周文王的儿子姬聃受封于沈（河南平舆县北），建沈国，其后以沈为姓。再如我们所熟悉的春秋战国时期的诸侯国齐、鲁、晋、宋、郑、吴、越、秦、楚、卫、韩、赵、魏、燕等，皆成为今天的大姓。

4. 以邑名为姓氏

帝王及各诸侯国国君分给同姓或异姓卿、大夫的封地叫采邑。卿、大夫的后代或采邑的人，有的便将邑名作为姓。据《通志·氏族略》所载，春秋时晋有梁益耳、梁弘、梁由靡，因晋有解梁城，高梁、曲梁等地，故以邑为姓。是为山西梁氏。

5. 以官职作为姓氏

在先秦时代，很多官职都是世袭的，即使后来失去了官职，他们的后代也以这些官职的名称来称呼这个家族，用以表示他们的社会地位。例如，西周设掌管土地、军政、工程、官吏、刑狱的司徒、司马、司空、司士、司寇五官，均被后代取以为姓。彭祖的后裔孚，做过西周掌管国库的上大夫、官职称钱，其后代便以钱为姓。另管粮官的后代姓粟，管马者子孙姓牧，还有军、仓、监、谏等姓，皆出于官名。

6. 以先人的字或名为姓

据周代的制度规定，诸侯国国君的儿子称公子，孙子称公孙，玄孙不能再称公孙，应以其祖父的字为氏。如，郑穆公——公子（字子驷）——公孙夏——驷带、驷乞。若祖父无字，则以其名为氏，如，鲁孝公——公子展——公孙夷伯——展无骇、展禽。再如周平王的庶子字林开，其后以林氏传世；齐文公之子公子高，其孙高溪乃以祖父的名为氏。宋戴公之子公子充石，字皇父，其孙以祖父字为氏，汉代时改皇父为皇甫。

7. 以职业或技艺为姓氏

以职业或技艺为姓，同样是比较常见的一种方法。在远古时代，有的等级较低的贵族掌管了从事某种职业的工奴，如晋国屠蒯，杀牛宰羊，技艺高超，其后乃以屠为氏；用筮占卜的商王某大臣，奉祀天地鬼神，为人祈福禳灾，后便以巫为氏。从事冰凌的人，后代以凌为姓，其他诸如陶、甄、匠、优、卜等氏皆出于技艺。

8. 以谥号为姓氏

所谓的“谥”，就是古代帝王或大官死后赏赐的称号。例如，齐国国君齐襄公之弟公子小白，在齐襄公被杀后，自莒国入齐，成为齐国君主，后为春秋五霸之一，死后谥号为“桓”，即齐桓公。其支庶子孙仍为桓姓。宋国有位国王名子和，谥号“穆”，他的后人除继承王位者继续姓子外，其余便都以穆为姓。

9. 以爵位为姓氏

以受封的爵位称号作为各世子孙的姓氏，让子孙后代记住祖先的功勋业绩，以其为荣耀。例如，春秋时期，晋国是周成王小弟唐叔虞的封国。而侯氏正是出自晋国的公族。晋国的公族晋哀侯和他的弟弟被晋武公所杀，他们的子孙便迁居他国，而且以祖先的爵位为姓，这就是侯姓的来源。类似的姓氏还有皇、王、公、王叔、王子、王孙、公子、公孙等姓。

10. 以次第、天干、地支、数字为姓氏

如，古时兄弟姊妹的排行常以伯（或孟）、仲、叔、季为长幼之序。春秋时卫国大夫仲叔于奚的后代就用了“仲叔”作姓氏。

11. 因避讳、避祸改姓氏

如汉明帝叫刘庄，当时姓庄的都因避讳改姓严，庄与严字意相近，隐居垂钓于富春江的庄子陵改为严子陵。西汉末年，王莽专权杀戮大臣及后裔，太傅疏广的曾孙疏孟达为避难，改姓束，束与疏音同。

12. 民族融合而改姓氏

这种现象主要出自魏晋南北朝时期，鲜卑族有一些复姓贵族，在随孝文帝迁都洛阳后，实行汉化改革时，简化为单姓，如于、韩等姓，另外还有清朝满洲贵族改姓，如索、讫、慕容、宇文、呼延等姓。

总之，我们现代的姓氏来源涉及方方面面的内容，与历史的发展有着千丝万缕的联系。姓氏的来历更是丰富复杂，源远流长。因此，中华民族的姓氏文化是社会科学中一笔重要的财富。

古人的字与号

如今，我们大多数人只有一姓一名，但在古代，人的姓名很复杂。一般来说，除了我们现在所说的“姓”和“名”以外，还有字（表字）、号等。其意义也是一样，如《颜氏家训》中就讲"名以正体，字以表德"。即名是用来辨正名分，适符实体的，而字主要是用来表明志向和德行。我们今天所说的名字与古人的"名""字"是不同的，今天人们只有名而无字，统称为名字。当然，从个人的符号这个意义上讲，名、字、号都是一种"名字"。字，可以说是名的补充、延伸，是名之外的又一个称谓符号，但字与名在意义和用途上是有区别的。

"字"的出现最早可追溯到周代，《礼记·檀弓》中说："幼名，冠字，周道也。"所谓"幼名"，是说婴儿出生三个月后，由父亲取的名；所谓"冠字"，则是指孩子成年举行加冠礼时，由父兄的亲朋好友取的字。

一般来说，古时候，名是阶段性的称呼，小时候称小名，大了叫大名。根据古代的礼制，男子 20 岁时要举行冠礼，女子 15 岁时要举行笄礼，表示其已经成人，将要正式参加社会活动，就要在"名"之后再加"字"。取字是冠礼和笄礼的一项重要内容。一个人有了字，标志着他已经成为正式的社会成员，应该享受一定的权利，并履行一定的义务，所以古人非常重视这种成年礼。

在古代，"名"源于长辈。为表示尊重，就成了应该避讳的东西，"字"是自己取的，平辈或平级相称时，只能称"字"

而不称“名”。简言之，“名”是家里长辈称呼晚辈的，“字”是外人叫的，人际交往称“字”而不称“名”，称人之“字”就是敬其“名”。

“名”与“字”在多数情况下，共同构成一个人的代号，尽管用途不尽相同，二者之间还是有联系的。古人大多因名取字，古人的字是对名的解释和补充。所以《白虎通·姓名篇》中说：“闻名即知其字，闻字即知其名。”字与名相为表里，名是瓤，字是皮，故字又称表字。例如，三国时的名将张飞，字翼德，“飞”是名，“翼德”则是对“飞”的解释，因为“飞”就是“翼之德”（翅膀扇动而造就的功德）。再如，唐代大诗人白居易，字乐天，名与字之间也有联系，“居易”是因，“乐天”是果。只有居处安宁，才能知命而乐天。

取字在古代一般只限于士大夫和知识分子阶层，一般的平民百姓则有名无字。宋代还曾有明令，不准下层社会的人取字，所以字也有表示社会地位的作用。到明清时代，这种情况大为改观，三教九流，官僚百姓，几乎人人有字。尽管一般平民取字，遭到了文人士大夫的嘲讽和抨击，但取字的习俗，还是普遍地推广开来。

值得注意的是，秦汉时，历史上的一些才女也有自己的字，如西汉王蔷字昭君；东汉班昭字惠班、蔡琰字文姬；前秦苏蕙字若兰；唐代薛涛字洪度、裴淑字柔之、鱼玄机字幼微；宋代谢金莲字素秋；元代曹妙清字比玉等。

不过，女性有字，也只限于贵族或上层女子。当女子成年，可许配人家时，把垂发挽在头顶，用笄别住，同时给她取字。这一礼制，在秦汉以后并没有承袭下来。一般女性自幼至成年，就只有一个小名，也称闺名。

新中国成立后，人们的许多观念发生了变化，字被看作是人名的“蛇足”，把取字视为文人的迂腐。名字自然越简化越好，省去字，自然是首当其冲的事了。

古人除有“名”“字”外，又取“号”以代替名字。“号”是一种固定的别名，又称“别号”。古人的“名”“字”都是家长或其他长辈所起，大都体现了长辈的想法和愿望，未必符合自己的意愿。可是，名字和身体发肤一样，都是受之于父母，所以即使不满意也不能随意更改。而“号”则不然，“号”是本人自取，可以不受家族制约，不受他人干涉，从而更自由地表达自己的追求和情怀。例如，白居易号香山居士、明武宗号锦堂老人、秋瑾号鉴湖女侠等。

早在周朝时，人们就已经开始取号。对此，《周礼》解释说，号为“尊其名更为美称焉”，意思是说，号是人在名、字之外的尊称和美称。早期的号具有这一特点，有号的人多是那些圣贤雅士。如老子别号广成子，范蠡别号鸱夷子皮等。先秦时期，有名字又有号的人并不太多，至秦汉魏晋南北朝时，取号的人依旧很少，名载史籍者仅有陶潜别名五柳先生、葛洪别号抱朴子等数人。但是，到了隋唐时期，国力更加强盛，文化高度发达。在名、字之外另取别号的人越来越多。如李白号青莲居士，白居易号香山居士，皆属此类。到了宋代，取号之风又进一步发展。人们熟知的《水浒传》108 将个个都有别号，如宋江外号“及时雨”、林冲外号“豹子头”、史进外号“九纹龙”、鲁智深外号“花和尚”、李逵外号“黑旋风”等。这正是当时社会风气的标志。明清人更把取号视为一种时髦，不管皇帝还是一般黎民百姓，几乎人人有号。

号和名字的风格完全不同，名字庄重、拘谨，而号则轻灵、飘逸。字与名必须在意义上有联系，而号则与名、字无关；名、字在形式上一般是一字或二字，而号则没有字数上的限制。所以，号的题材非常广泛，号的制作也更自由，这就是古人说的“号无定式”。号在立意上主要是表达个人的精神寄托，凡是有关个人的抱负、志趣、癖好、收藏、业绩，或者自己的生活态度、偶像崇拜、形貌特征，都可以入号。例如，郑板桥号徐青藤门下牛马走，袁泰生号拜韩（愈）揖庄（周）之室，他们的号都是表示自己对心中楷模的仰慕；鲁贲号太瘦生、何齐曾号无发居士、黄鹤号跛道人、仓光彬号左手老人，他们的号则是描摹自己的形貌；丁敬身号玩茶叟、顾谦号爱梅轩、汪启淑号印癖先生、姚际恒号好古堂，他们的号都是昭示自己的癖好；鲍廷博号知不足斋、邹思明号自得其趣山房、黄公望号大痴道人、司空图号知非子，这些人的号则是抒发自己的人生志趣；陈介祺号万印楼、金农号二百砚田富翁、陈均号十三汉镜斋，而乾隆皇帝收藏有王羲之、王徽之的墨迹，均为稀世珍品，故号三希堂，这些号都是夸耀自己的收藏；施邦彦号点易斋、郑杰号注韩居、陆虎岑号等身书屋、刘庠号写十三经老人，这些号是张扬自己治学的业绩。

由此可见，我国古人的称谓远比现代人复杂，他们有姓、名，又有字、号。这种姓、名、字、号并存，既适应了当事人不同年龄阶段和不同情况下的需要，也为中国的姓名文化增添了新的内容。

浅谈百家姓

说起姓氏，人们最先想到的一定是《百家姓》。因为它与《三字经》《幼学琼林》等，旧时被列入孩童的启蒙读物。

《百家姓》是一本关于中国人姓氏的书，是北宋初年钱塘（杭州）的一个儒生编撰的蒙学读物，原收集姓氏411个，后增补到504个，其中单姓444个，复姓60个。

《百家姓》的次序不是依各姓氏人口实际排列，而是因为读来顺口，易学好记。因此，流传至今，影响极深。“赵”姓之所以成为《百家姓》之首，因为宋代的皇帝姓赵，“赵”自然成为“天下第一姓”；不排在首位，就有“欺君之罪”，会引祸上身。宋时吴越王的后裔居浙江，所以，“钱”姓便排列第二；钱的妃子姓孙，借钱氏之威势，“孙”又排列第三，“李”姓排在第四，大概是因为南唐皇族为李氏之故吧。

《百家姓》全文为：

赵钱孙李　周吴郑王　冯陈诸卫　蒋沈韩杨　朱秦尤许

何吕施张　孔曹严华　金魏陶姜　戚谢邹喻　柏水窦章

云苏潘葛　奚范彭郎　鲁韦昌马　苗凤花方　俞任袁柳

酆鲍史唐　费廉岑薛　雷贺倪汤　滕殷罗毕　郝邬安常

乐于时傅　皮卞齐康　伍余元卜　顾孟平黄　和穆萧尹

姚邵湛汪　祁毛禹狄　米贝明臧　计伏成戴　谈宋茅庞

熊纪舒屈　项祝董粱　杜阮蓝闵　席季麻强　贾路娄危

江童颜郭　梅盛林刁　钟徐邱骆　高夏蔡田　樊胡凌霍

虞万支柯　昝管卢莫　经房裘缪　干解应宗　丁宣贲邓

郁单杭洪　包诸左石　崔吉钮龚　程嵇邢滑　裴陆荣翁

荀羊于惠　甄曲加封　芮羿储靳　汲邴糜松　井段富巫

乌焦巴弓　牧隗山谷　车侯宓蓬　全郗班仰　秋仲伊宫

宁仇栾暴　甘钭厉戎　祖武符刘　景詹束龙　叶幸司韶

部黎蓟薄　印宿白怀　蒲部从鄂　索咸籍赖　卓蔺屠蒙

池乔阴郁　胥能苍双　闻莘党翟　谭贡劳逄　姬申扶堵

冉宰郦雍　郤璩桑桂　濮牛寿通　边扈燕冀　郏浦尚农

温别庄晏　柴翟阎充　慕连茹习　宦艾鱼容　向古易慎

戈廖庾终　暨居衡步　都耿满弘　匡国文寇　广禄阙东

殴殳沃利　蔚越夔隆　师巩厍聂　晁勾敖融　冷訾辛阚

那简饶空　曾毋沙乜　养鞠须丰　巢关蒯相　查后荆红

游竺权逯　盖益桓公　万俟司马　上官欧阳　夏侯诸葛

闻人东方　赫连皇甫　尉迟公羊　澹台公冶　宗政濮阳

淳于单于　太叔申屠　公孙仲孙　轩辕令狐　钟离宇文

长孙慕容　鲜于闾丘　司徒司空　亓官司寇　仉督子车

颛孙端木　巫马公西　漆雕乐正　壤驷公良　拓跋夹谷

宰父谷梁　晋楚闫法　汝鄢涂钦　段干百里　东郭南门

呼延归海　羊舌微生　岳帅缑亢　况后有琴　梁丘左丘

东门西门　商牟佘佴　伯赏南宫　墨哈谯笪　年爱阳佟

《百家姓》是中国独有的文化现象，它所辑录的姓氏，体现了中国人对宗脉与血缘的强烈认同感。姓氏文化是中国文化的重要组成部分，《百家姓》在历史的衍化中，为人们寻找宗脉源流，帮助人们认识传统的血亲情结，提供了重要依据。

现代人的“百家姓”的排列次序与以往的“百家姓”不同，它是按姓氏在全国人口中的比例排序的。据2020年第七次全国人口普查姓氏排名前100位分别为：

01李	02王	03张	04刘	05陈	06杨	07赵	08黄
09周	10吴	11徐	12孙	13胡	14朱	15高	16林
17何	18郭	19马	20罗	21梁	22宋	23郑	24谢
25韩	26唐	27冯	28于	29董	30萧	31程	32曹
33袁	34邓	35许	36傅	37沈	38曾	39彭	40吕
41苏	42卢	43蒋	44蔡	45贾	46丁	47魏	48薛
49叶	50阎	51余	52潘	53杜	54戴	55夏	56钟
57汪	58田	59任	60姜	61范	62方	63石	64姚
65谭	66廖	67邹	68熊	69金	70陆	71郝	72孔
73白	74崔	75康	76毛	77邱	78秦	79江	80史
81顾	82侯	83邵	84孟	85龙	86万	87段	88漕
89钱	90汤	91尹	92黎	93易	94常	95武	96乔
97贺	98赖	99龚	100文				

这项调查和研究是由国务院人口普查办公室统计的，统计

人数约为1370536875人。调查结果表明，中国人口最多的前十名总人口约为5.5亿人，位列前三位的李、王、张，分别占我国总人口比例的7.94%、7.41%和7.07%。

姓氏一直是代表中国传统的宗族观念的主要的外在表现形式，以一种血缘文化的特殊形式记录了中华民族的形成，在多数的情况中，姓氏是世代遗传的，姓氏人口资料又比较容易搜集，其历史跨度也很长，非常适合大量数据统计性质的研究。我们可以通过各种姓氏在不同人群中分布，来探讨人群的遗传结构、不同群体间的亲缘关系以及人群迁移等。中国人姓氏和同姓人群的分布规律的研究，有可能成为探讨中国人起源和父系遗传物质进化的一条新的重要途径和科学依据。

关于人名的其他常识

通过前面所述，相信大家对中国的姓氏文化有了大概了解。但在日常生活中，我们仍然会遇到不少像小名、诨号及笔名的情形。下面，我们对其进行简单介绍，供大家更加深入地了解中国姓名的常识。

首先是“小名”。所谓小名，又称乳名、奶名、幼名、定魂名或小字，它是人们小时候的非正式名字，是长大成人之前家人和友人对他的爱称或昵称。古往今来，人们都习惯在取正式名字之前取个小名。

我国取小名的习惯起源很早。据《史记》中记载，西汉文学家司马相如有一个有趣的小名：犬子。这证明使用小名的历史，在我国至少可以追溯到两千多年前的西汉。宋代爱国词人辛弃疾在《永遇乐·京口北固亭怀古》一文中就曾提起南朝宋武帝刘裕的小名“寄奴”。翻阅史书，历史人物有小名的也不少，例如，孔子小名丘；王献之小名官奴；陶渊明小名溪狗；谢灵运小名客儿；王安石小名獾郎；曹操小名阿瞒；北魏太武帝拓跋焘小名“狒佛伐”或“狒狸”；明太祖朱元璋小名重八；蜀汉后主刘禅小名阿斗。从这些名字可以看出，古人取小名时带有很大的随意性。由于小名一般只在家庭内部使用，所以，不仅古人不重视，而且现代人也仍然很随意。如郭沫若小名“文豹”；胡适小名“糜儿”；鲁迅小名“阿张”；茅盾小名“燕昌”；丁玲小名“冰姿”；赵树理小名“得意”；丰子恺小名“慈玉”；高士其小名“贻甲”；张大千小名“季爰”；林散之小名“五呆子”；齐白石小名“阿芝”，等等。

在取正式名字前取个小名，古今都有这一习惯。小名有许多共同的特点，比如一般只称名，没有姓，比较简单，如“小虎”“小毛”“小花”“小囡”等，也有喜欢用叠字，如“锋锋”“莎莎”

"红红"等。

尽管小名对人的作用影响不及正式的名字，由于从古至今人人都有，现代人起小名成为起名学的一部分，因此，也是一种不容忽视的文化现象。小名为什么普遍受到人们的喜爱呢？一是因为小名体现出长辈对宝宝的喜爱，听起来亲切；二是叫起来简单顺口，显得风趣，活泼；三是取小名比较随便，叫什么都行。起大名有很多讲究，而小名可以不拘一格。

其次是"绰号"。绰号又称诨名、诨号、浑名、花名、野名、外号、徽号、雅号，是在姓、名、字、号、小名之外的又一种称谓。这种称谓一般是由别人根据当事人的外貌、性格、特长、嗜好、生理特征、特殊经历等特点而取的，大多带有戏谑、幽默、讽刺等色彩。

绰号起源于何时难以界定，但有史可考的第一个取绰号的人，大概是历史上有名的暴君夏桀。史书记载他身材魁梧，膀大腰圆，力大无穷；能把鹿角折断，把铁钩扳直，把高墙推倒，能赤手与虎豹搏斗，把牺牛推动，所以人们送给他一个绰号"移大牺"。

绰号所用的词语大多通俗易懂，便于记忆，所以大多流传较广，其影响力甚至可以超过原来的名字。如一提到包青天，我们就知道是包拯。再如，东汉末年农民起义中，有一批出色的农民英雄，作战时勇猛顽强，平日里与队友们亲密无间，彼此都以绰号相称。其中说话声音大的被称为雷公；走路轻捷的被称为飞燕；眼睛大的被称为大目；姓张的英雄爱骑白马，被人称为张白骑；姓于的英雄满脸胡须，被称为于氐根。由于他们的绰号影响很大，以至于连名字也没有留下，至今我们也不知道他们的真名是什么。

绰号一般是“他取”。明朝文学家冯梦龙就讲了“好好先生”这个绰号的来历。东汉末年的司马徽不谈人短，与人语，美恶皆言好。有人问徽：“安否?”答曰：“好。”有人言陈子死，答曰：“大好。”妻责之曰：“人以君有德，故以相告，何谓人子死，反亦言好?”徽曰：“如卿之言，亦大好。”故人称“好好先生”。

给人取绰号，既是普遍的社会现象，又是一种习用的文学现象，它已成为文学家常用的艺术手段，是文学作品中刻画人物形象、揭示作品主题的有效方法。

在《红楼梦》里，许多人物的性格直接与绰号相关联。例如，王熙凤的绰号叫“凤辣子”，透露出这位贾府总管家争强好胜、精明干练、泼辣而又心狠手辣的性格。

小说《水浒》中，108 个英雄都取了鲜明生动、韵味隽永的绰号，这无疑使这部小说增光添彩不少。

到了近现代，为别人取绰号、叫别人绰号的风气依然盛行，在此就不一一列举了。绰号对人有褒贬作用，不同绰号对被取绰号的人来说，所采取的态度和产生的作用是不一样的。一般说来，一个贬义的绰号可能使当事人感到难堪，乃至引起不愉快或十分严重的后果。古代一位名为郭倪的将军常自称“卧龙”，但带兵打仗无一不败，甚至在人面前流眼泪，因此被人讥为“带汁诸葛”。这样的绰号对他来说，无疑要比“卧龙”难受得多。另外，在现实生活中，如果我们把一位足智多谋的乡村学究奉承为“智多星”“赛诸葛”，他一定会高兴异常；如果叫他“狗头军师”“阴间秀才”，他必然会极不痛快。所以，取绰号时认识要客观正确，评价要公正恰当。好的绰号，应有积极作用和激励作用。

还有一种较为盛行的便是“笔名”，笔名多是文人、学者发表作品时用的署名，这种署名有的和原姓名有关系，有的和原姓名没有关系，又称假名。

关于笔名的来源，一般认为它兴起于明清时期，是话本小说流行以后而出现的一种起名现象。当时作者所写的东西多属乡里民间流传的故事、传说，被一般文人士大夫认为登不得大雅之堂，为了避嫌，便取一个新名字来发表自己的作品。此后，由于这种起名形式的确有较大的实用性，便广为文化人所采用。

由于笔名常见于报刊书籍，人们经常接触的是书报而不是作者本人，因此就使作者的笔名产生了广泛影响，其真正的名字反而鲜为人知。比如，提起巴金、茅盾、曹禺、鲁迅、老舍、郭沫若、冰心等名字，几乎无人不知，但要提起李尧棠、沈德鸿、万家宝、周树人、舒庆春、郭开贞、谢婉莹等名字，也许知道的人并不多。其实，后面的这些名字才是作家的原名，但他们都是以笔名闻名于世的。

笔名大致分两类，一种是以姓名方式出现的笔名，如吴熙成，笔名吴伯箫；郭恩大，笔名郭小川；陈光美，笔名陈荒煤等；一种是以非姓名方式出现的笔名，如闻一多，笔名夕夕；钱钟书，笔名中书君等。

现在，文坛的作家都疏于用笔名，他们的笔名即原名，都是用本名来写作的。即使偶尔用别名，也不是为了“隐”，只是为了就事论事，有意识地把文与人分开。

最后说一下“艺名”。艺名，即某些人士在进行从业活动时，用来取代真实姓名的名字。一般为靠某种技艺活动时，由于某种原因而取的专用名，从古至今不少艺术家取艺名的初衷都是为表现自己的意向、专长、师承，或纪念某种事。

艺名的起源很早，据历史记载，西汉时，平阳公主家里有一位长袖善舞的歌伎，她花容月貌，身材纤细，原名赵宜主。

后被汉成帝发现后，就将她召入宫中，并封为皇后。

汉成帝见她步履轻盈，舞姿优美，恰如在空中翩然飞舞的燕子，故在本名之外，又赐一艺名——赵飞燕，这可能是我国历史上最早拥有艺名的艺人。

在古代，艺人多有艺名。如，清末天津的张万全就是以“泥人张”为艺名；近代，演员成了正式的职业，艺名也就因此多了起来。在侯宝林的自传《卖艺生涯》中就记录了许多艺人的艺名。如，草上飞、人人乐、大金牙等。这些艺名共同的特点是俗，显示出街头艺人独具的特色。街头艺人在过去属于下九流之列。他们的艺名多半来源于他们号中的俗号。能得到俗号，正说明在观众中有了一定的影响。用这样的俗号作为艺名，可以进一步扩大影响，为自己争取更多的观众。

有不少演员的艺名多半是自定，而不是取用俗号。相形之下，他们的艺名比较文雅。例如京剧演员梅兰芳，原名梅澜。取艺名梅兰芳，一方面留下原名的痕迹（兰和澜谐音)，另一方面也表示自己是个旦角演员（“兰芳”习惯上是女人用的名字)。

艺术家的事业是美好的事业，他们的职业给人带来美的享受，他们的艺名也给人带来美的愉悦。不可否认，艺名是中国人名文化苑中一朵最绚丽的奇葩。

第二章

起名的传统习俗

在民间流传着各式各样的关于起名的传统习俗，有的风俗甚至还流传至今。好多人都以民间的传统风俗作为起名时的参考依据。

古人起名的习俗

中国人自古以来对起名就非常重视。在孔子“正名”思想的影响下，人们把起名看得非常重要。从周朝起，起名已经纳入礼法，形成制度。因此，古人起名的规矩和风俗习惯也很多。

1. 尊古

古人起名时多表示出于对古代的制度和人物的景仰，如曹子舆，字希孟（孟轲字子舆）；吴中旦，字希周（周公旦）；雷渊，字希颜（颜回）；范学朱，字元晦（朱熹字元晦）；祖蒙正，字希吕（吕蒙正）。有些仰慕先达圣哲者，则直接在名字中间加仰、慕、宗等字。如钱宗尼、于慕渊、方敬舆、鲁希良、明式鸿、吴仰何、聂景白等。

2. 述志

古人在起名时非常看重伦理道德和功业。以“德”起名的人，如曹孟德、刘玄德、李德邻。以“仁”起名的人，如曹仁、薛仁贵、王守仁、康广仁等。以“义”起名的人，如刘义庆、刘义隆、李义府、李义山等。以“忠”起名的人，如杨国忠，韩世忠、张献忠等。以“孝”起名的人，如郭奉孝、方孝孺。以“信”起名的人，如韩信、单雄信、李信等。以“谦”起名的人多套用，如吕祖谦、于谦、钱谦益。以圣人之志表示自已心迹的，如吕必用，表现出强烈的用世之志，他后来仕途无望，改名为吕不用，字耕田。

3. 光宗耀祖

光宗耀祖是我国古代最有力量也最有影响的传统宗族思想，就算在当今社会也有其一定的市场。既然如此，这种思想也就成为我国古今给子孙起名的主导思想与主要内容之一。萧遥天先生在《名字与宗族思想》中议及此题，他把这种思想条理分析出四种：一是寄托于承先的，例如绍祖、继祖、孝先、敬先；二是寄托于启后的，例如广嗣、延嗣、裕孙、蕃孙；三是寄托继业的，如绍箕、绍裘、继武、克武；四是寄托于兴宗的，如显祖、亮祖、光祖、光宗、延族。

4. 消灾

人们总是通过各种方式来表达消灾祛病和逢凶化吉的愿望，起名有时也是表达这种愿望，如霍去病、司马消难、辛弃疾、冯去疾、黄去疾、石保吉、孙逢吉等即属此例。

5. 添寿

人们总希望能将生命尽量延长，最好能寿与天齐。这种对生命的执着和祝愿，有时也通过起名表现出来。所以，在起名时多喜用寿字。如毛延寿、张承寿、徐增寿、潘天寿等。另外，喜爱用延年、万年、永年、大年、龟年、万龄、延龄、松龄、鹤龄等起名的人也是非常多的。唐宋以来，起名中多喜用“老”“叟”“翁”“父（甫）”等字，恐怕也流露出起名者对耄耋之寿的期望和唯恐早夭的恐惧。

6. 祈福

在古代，由于生产力落后、战乱频繁、自然灾害等原因，人们的生活总是困苦不堪，常常会“衣不蔽体，食不果腹”。所以，人们在起名字时，有时也不免将这种对优裕生活和高贵地位的祈求通过起名表现出来，如李广利、刘传富、盖宽饶、王富贵、钱广、吴寿富、孙福寿等。现代人起名也常有这类词，如王永贵、李冒富、张得利等。对仕途的追逐也是如此。隋唐以来，人们一般要通过科举考试来求取功名富贵，一旦金榜题名，那么荣华富贵就会自然而然到来。所以，在起名中多有范新科、裘状元、唐殿魁、许占魁、黄开榜、魏魁士、王延魁等。

男人起名的习俗

俗话说，男女有别。在男女起名上也是一样的。中国传统习俗一向重男轻女，在古代，男子的地位高于女子，男孩出生来到这个世界，似乎比女孩更优越、更受欢迎，更受宠爱。因此，在中国的起名习俗中，绝大部分均是着眼于男子起名。

在中国古代封建社会，由于男人的主宰地位，他们的名字便能直接反映了当时社会、时代的特征。历经几千年文化传统伦理道德的熏陶感染，男人起名形成了它自己独特的特点。

具体来说，中国汉族男人的名字在内容上主要有以下特征：

1. 多选用阳刚色彩浓厚的字

一般用“勇、猛、刚、坚、毅、韧、豪、雄、英、俊”等字入名。如：张志坚、刘志刚、王百坚等。

2. 多选用表现男性强壮雄健的体魄的字

一般用“强、壮、健、力、高、伟、彪”等字。如：永强、高健、云高、刘伟、何彪等。

3. 多选用表现男子品德的字

一般以“仁、义、礼、智、信、俭、廉、文、章、斌、德、诚、伦、孝、忠、良、勤”等字入名。如：王植诚、李克勤、韩信、赵守义、刘振信、朱有德等。

4. 多选用表现男子的志向和抱负的字

一般用“博、邦、国、举、宏、登、大、杰”等字入名。如：李建国、潘文杰、蒋大为等。

5. 多选用表现男子继承父业，光宗耀祖愿望的字

在家业方面对男人给予厚望者，通常取与继世有关的名字，一般用“祖、宗、先、昌、根、柱、世”等字入名。如：伍绍祖、马继祖、程孝先、宗敬先、年广嗣、汤绍箕、吕显祖、何光宗、孙念祖、贾怡孙等。

6. 多选用表现平安吉祥、富贵安康的字

表示健康长寿、吉祥如意的字也较为常用。一般用“福、禄、贵、寿、财、禧、康、年、安、祥、平、吉、瑞”等字人名。如：钱生禄、孙寿康、李秉贵、李厚福、李开富、郭小平、张少康、毛延寿、高富贵、李有财、王安祥、冯永瑞、蒲松龄等。

7. 用地理名词起名

以“江、山、湖、海”等字起名。如：李沧海、周阳山、赵长江等。以方位名称起名，如黄振中等。以表示“大”之意的“宇”“寰”起名，如梁宇、陈振寰等。

8. 用男性专用字起名

如表示排行的伯、仲、叔、季、昆。表示男人身份的，如彭福仲、张秋生等。

女人起名的习俗

在过去两千年的封建社会里，女人一直处于社会的从属地位，她们的名字反映时代的变迁往往没有男人名字那么直接、直白，不仅不讲究起名的艺术，而且多数人连起名的权利也被剥夺，在家用小名称呼，婚后往往就“隐姓埋名”，在丈夫的姓与父亲的姓之后加上个“氏”字，作为她的终身代号，于是她们的名字就成了陈李氏、张梁氏、刘洪氏等。新中国成立后，女人的地位有了很大提高，女人有了使用自己名字的权利。

纵观中国女性古今起名，大致有以下十大特点：

1. 用女性字

用女字旁的字起名字，这是最基本的方法。带有女字旁的字，直接从字形上反映了女性色彩，已成为女性起名的“专利”。这类名字很多，如：杜十娘、李秋娘、王玉女、杨八姐、杜十姨、王玉奴、管仲姬、黄媛介、姜玉婷、李美娟、王小妍、孙燕妮、侯丽娜等。

2. 用女德字

与男人相比，女人比较温柔、贤淑、文雅。这在名字中也会表现出来。表示才、德、慧的字，如：淑、贞、贤、端、庄、娴、静、洁、慧、巧、雅等。人名如：文美惠、何钟惠、邱淑芳、关淑兰、李清照、阮文琴、万敏英、何智丽、何静、廖静文、王新爱、瞿希贤、宋雅茹、何秀丽、邱淑贞等。

3. 用花鸟字

鲜花小鸟能象征女性的天真活泼和温柔之美，所以女性起名与之相关甚密。如：花、兰、菊、莲、梅、柳、莉、凤、凰、鸾、燕、雁、鹃、莺等。人名如：殷秀梅、白莲花、林莉、王小菊、徐小凤、新凤霞、聂燕舞、陈鸣凤、苏紫鹃、叶春莺、迟晓燕、陆秋雁，赵凤舞等。

4. 用闺物字

女人未出嫁，称为“待字闺中”。闺房内的物品包括女人的首饰、服饰、化妆品以及其他闺阁日用物品。常用字有：钗、钏、环、绣、锦、缨、黛、香、线、瓶、琴等。人名如：杨玉环、傅锦华、林黛玉、红线女、何秋香等。

5. 用珍宝字

以珍宝字起名，一是比喻其尊贵华美和志行高洁；二是寄托一种希望，希望珠玉满屋，珠宝盈门。这方面的字有，玉、珠、宝、珍、金、银、珊、莹、琼、瑶、琳、玲、璧等；人名如：丛珊、琼瑶、李玲玉、陈莹等。

6. 用柔景字

天地间柔和、婉顺、明快的景物，恰好与女性的阴柔之美相协调，给人以愉悦之感。如果用春、夏、秋、冬、云、霞、虹、雪、冰、霜、雯、霓等字入名，确具女性魅力。人名如：潘虹、林青霞、龚雪、冰心、江月、周春梅等。

7. 用柔情字

人间真爱莫过于父母对子女的情感，情之真，爱之切，用于名字的有：喜、爱、惜、念、怡、惠、宠等。人名如：秦怡、郭爱莲、李莫愁、苏惠娟、江惜春、苏喜娇等。

8. 用色彩字

以色彩为人名，追求的正是美感。表示色彩的字有：彩、艳、红、绿、紫、彤、青、翠、秀、美、丽、倩、素、黄、绛、丹、碧等；人名如：陶红、李彩云、王丹凤、陈丽红、张彤、邓碧兰、朱美艳等。

9. 用重叠字

按读音习惯，重叠字一般读轻声，因此用重叠字入名，能给人一种轻松亲昵的感觉，重叠之后显得天真活泼，具有“小”义。这种名字随处可见，如：燕燕、婷婷、倩倩、丽丽、红红、君君、盼盼、芳芳、媛媛、莎莎、丹丹、朵朵、秀秀、兰兰等。

10. 用芳香字

芳香的气味，能从嗅觉上让人们获得美的享受，使人的内心感到无比欣慰。表示芳香的字有：香、芬、芳、馥、馨等；人名如：秦香莲、王馥荔、田芬、张瑞芳等。

现如今是尊重女性、男女平等的时代，许多旧思想、老观念将被逐渐淘汰。因此，取女名也应当如起男名一样慎重。在拥有一个美好的被人欣赏的名字方面，女孩子与男孩子一样拥有平等的权利。

根据阴阳五行起名

阴阳五行本是我国传统文化中的哲学命题，可以说对中国古代所有方术活动都有影响。以现代科学的角度来看，它与人的姓名毫无关系。但是，在命理学家眼中，阴阳五行不仅与姓名关系密切，而且还影响人一生的命运。

1. 起名中阴阳学说的运用

阴阳理论是中国哲学的基础之一，它发端于原始文化的氛围中，系统阐释和发挥要推《周易》，阴阳学说是《周易》学说的核心，即庄子所谓“《易》以道阴阳”。《周易》宣称“一阴一阳之谓道”，阴阳二元是万物构造之法则。世界上万事万物都可以按“阴”“阳”区分。那么，什么是阴，什么是阳呢？

以天地而论，天为阳，地为阴；

以地理而论，山为阳，水为阴；

以人而论，男为阳，女为阴；

以温度而论，热为阳，寒为阴；

以湿燥而论，燥为阳，湿为阴；

以上下而论，上为阳，下为阴；

以前后而论，前为阳，后为阴；

以表里而论，表为阳，里为阴；

以水火而论，火为阳，水为阴；

……

从文字角度看，“阴”的本义是“暗”的意思，而“阳”则是“明”的意思。起初，阴阳二字是指云蔽日而暗及太阳之明。后来在《易经》上阴阳合用，二者便具有了相互对应的关系。

阴阳的实质是矛盾对立的统一，一切事物的形成、变化和发展，全在于阴阳气的运动。

若以数字而论，则单数为阳，双数为阴。即：一、三、五、七、九为阳；二、四、六、八、十为阴。

这是在数字上分阴阳。

一个字既有字义，也有笔画数，字义就是“理”，笔画多少就是“数”。因此，古人认为，一个字可以从理和数上分出阴阳。

根据这种观点，姓名中的“理”和“数”像万事万物的阴阳一样，都要有一个合理的搭配和平衡。如果缺乏这种搭配和平衡，就要设法加以调整，以适应阴阳相辅相成的基本规律。

对于一个阴阳平衡的人，他的名字最好也是阴阳平衡。对于阴阳不平衡的人，要在名字中找平衡。对阴或阳偏盛的人，在起名上应注意阴阳补救。对于阳刚之气太盛的人，宜以阴去补救；对于阴柔之气太盛的人，宜以阳去补救，以求达到姓名与人的阴阳平衡。

例如，一个名叫王芳的人，从名字的字义上分析，“王”一般指男性，在“理”上属阳，但因是4画，在“数”上又属阴，因此“王”字是理阳数阴；“芳”字指花草，在“理”上属阴，但因笔画是7，在“数”上又属阳，因此“芳”字是理阴数阳。以理阳数阴之“王”配理阴数阳之“芳”，阴阳平衡，这就是命理学家眼中所谓最为理想的名字。

事实上，如果把人们的名字都分出阴阳来，看其数理搭配是否平衡，几乎是不可能的事情，而起名时也不可能顾及这种搭配。

2. 五行和起名的关系

五行学说是中国古代劳动人民创造的智慧成果，数千年来广为流传，姓名学也开始用五行学说作为一种起名的理论依据。

五行，即金、木、水、火、土五种基本物质。在古人看来，天地万物都是由这五种物质组成的。它强调整体概念，描绘了事物的结构关系和运动形式。如果说阴阳是一种古代的对立统一学说，五行则可以说是一种原始的普通系统论。

起初，金木水火土五行具有比较朴素、具体的含义，后来具体含义被省略，成为事物关系的代表，彼此间具有了相生相克的关系。

五行相生表示一事物对另一事物有促进增长的作用。

五行相生是：木生火，火生土，土生金，金生水，水生木。

五行相克表示一事物对另一事物的制约和克制的作用。

五行相克是：木克土，土克水，水克火，火克金，金克木。

五行相生相克的基本原理是“顺次相生，隔一相克”。之所以这样，据古人解释是由于：

木生火者，木性温暖，火伏其中，钻灼而生，故木生火；火生土者，火热故能焚木，木焚而成灰，灰即土也，故火生土；土生金者，金居石依山，津润而生，聚土成山，土必生石，故土生金；金生水者，少阴之气湿润流泽，销金亦为水，故金生水；水生木者，因水润而放出，故水生木也。而五行所以相害者，天地之性，众胜寡，故水胜火也；精胜坚，故火胜金；刚胜柔，故金胜木；专胜散，故木胜土；实胜虚，故土胜水也。

而且，五行旺衰生克变化之间存在一定的辩证关系：

金赖土生，土多金埋；土赖火生，火多土焦；火赖木生，木多火炽；木赖水生，水多木漂；水赖金生，金多水浊。

金能生水，水多金沉；水能生木，木盛水缩；木能生火，火多木焚；火能生土，土多火窒；土能生金，金多土变。

金能克木，木坚金缺；木能克土，土重木折；土能克水，水多土流；水能克火，火炎水热；火能克金，金多火熄。

金衰遇火，必见销熔；火弱逢水，必为熄火；水弱逢土，必为淤塞；土衰遇木，必遭倾陷；木弱逢金，必为砍折。

强金得水，方锉其锋；强水得木，方泄其势；强木得火，方化其顽；强火得土，方止其焰；强土得金，方制其重。

最初，人们在用五行来表示历史更迭的朝代时，发现运用五行学说的相生来代表父子之间的关系，更显得有序和符合道理。于是，到了唐朝，有的人起名就采用了五行相生的顺序，取有金、木、水、火、土偏旁的字为名，按家人长幼顺序代代相承。如果父亲取土字旁名字，那么儿子就取金字旁的名字，孙子就取水字旁的名字。如：宋徽宗时宰相张浚，名属水，所以要给儿子取一个木的字，故其子名张栻；张栻名属木，其子应以火名，故张栻之子名叫张焯。即使千古罪人，杀害岳飞的秦桧也以五行序辈。秦桧名属木，其子取属火的字，为秦熺；秦熺名属火，故子名以土，为秦埙、秦堪。

另外，明太祖朱元璋的子孙是按五行相生关系而起名的，木生火、火生土、土生金、金生水、水生木……

成祖——朱棣（木）→仁宗——朱高炽（火）→宣宗——朱瞻基（土）→英宗——朱祁镇（金）→宪宗——朱见深（水）→孝宗——朱祐樘（木）→武宗——朱厚照（火）→穆宗——朱载垕（土）→神宗——朱翊钧（金）→光宗——朱常洛（水）→思宗——朱由检（木）。

也有在同一辈中每人取五行中的一个，共同构成五行相生的名字。比如，一家有兄妹共五人，姓名依次为张维村、张维灿、张维基、张维钧、张维清。从他们的名字中可以看出，这一家人金木水火土五行都有了。

运用五行学说起名，不但隐含生生不息、子孙绵延的意义，而且给受儒家思想影响极深的中国人在起名上提供了一个理论依据。几个人名联系在一起，构成了五行运转的模式，既解决了后人子孙生生不息的生存理念需求，又为今生、来世、后世等宿命观念、轮回因果观念开辟了通道。

一般情况下，五行之间都是处于平衡状态的。从这一基本原理出发，命理学家认为人的姓名也可以由五行划分。如：钟、钱等姓属金，杨、李等姓属木，江、黎等姓属水，耿、炎等姓属火，垣、墨等姓属土。同样，名字中用刚、利等字属金，艺、营等字属木，鲜、云等字属水，明、昌等字属火，山、珍等字属土。如果一生中五行偏缺，就要想办法通过姓名来进行补足。补足的方法一般是在姓名中直接加上表示五行的字，或者加上含有五行字义的字，或者通过计算姓名用字的“数”（笔画）与五行相符。如一个姓刘的人姓属金，如果命里缺土，起名时选一个带“土”或能与“土”联系起来的字就可以了。

阴阳五行学说的盛行，使人们把一生中的荣辱祸福系于五行生克上，所以在起名时，借以求得阴阳盈虚的调和，刚柔相济，希望在一生中逢凶化吉，一帆风顺。

把姓名与阴阳五行联系起来，从现代科学的观点看是牵强附会的，并没有什么科学根据。但作为一种与姓名有关的传统文化现象，还是有一定的社会基础。因此，从起名的历史渊源方面，不妨对上述内容做一些了解。

五格剖象法起名

五格剖象法，是将人的姓名按五格剖象法来解释。古人对于起名的说道儿有很多，通常都会起五行五格匹配的名字。所谓五格剖象法，就是根据《易经》的“象”“数”理论，依据姓名的笔画数和一定的规律建立起来的五格数理关系，并运用阴阳五行相生相克的原理，推算人生各方面运势的一种简易方法。

五格，指的是姓名学中天格、地格、人格、总格、外格。天格、地格及人格为整个姓名最重要的部分，此为天地人（三才）。因此，当你见人批算你的姓名为（三才）大吉时，代表你的姓名笔画内，天格、地格、人格均为上佳的吉数（所有字以繁体为准）。

1. 天格

天格是先天祖传的姓，这个姓非变动性的，也不可以改变的，因此又俗称“胎元、胎运”，姓是骨，名是肉，骨为先天命，所以名字可以改，借此改运，但姓不能改。因此天格的笔画数吉凶，通常是不计算的。

天格计算方法：单姓，再加假添一数；复姓，合计姓氏之笔画。例如，某人姓王，那么其天格为 4＋1＝5；如果某人姓上官，其天格是 3＋8＝11。

2. 人格

人格又称主运，这是姓和名字第一个字的笔画数总和。例如，某人叫江海洋，江字的笔画加海字的笔画，便是人格，江字 6 画，海字为 10 画，其人格为 6＋10＝16。如果是复姓，姓氏的最后一字笔画数加上名字第一字的笔画数。

人格是姓名中最重要的数理，按古人说法，这个数理掌控我们的一生，此数一定要吉数，不可为凶数。

3. 地格

地格是名字的总笔画数，如果名叫江海洋，“海洋”二字加起来便是地格，地格又称为前运，掌管一个人的前半生，通常是指 1 岁至 35 岁。“海洋”二字加起来为 19 画，为 35 岁的命势所在。此数为光风霁月，万物确立，官运亨通，大博名利。但女性不宜。

地格十分重要，因为掌控了我们的前半生，但如果此人已过 35 岁，此数的影响力便会退减，就算不改也可以，因为 35 岁后便进入总格了，这是中晚年运。

4. 总格

总格是姓与名的全部笔画数，掌控中晚年的运势，也就是自 35 岁起到终生的成就。因此此数又称为（后运），后运当然极为重要。

总格是一个人的一生功罪，因此为姓名学五格中最重要的一格，虽然只影响中晚年，但一生所求，就是一个美满的晚年。

5. 外格

外格是总格加假成一画，一般来说是指贵人或外来助力，主管命运之灵力。

现代人起名不甚讲究，大多打破了陈规旧例，所以我们对五格剖象法只做简单的介绍，不做详细解释，权当是传统起名习俗的科普。但对于姓名较注重的人来说，可以自己深入学习。

八卦起名

八卦由来已久，相传是伏羲氏发明的，它是作为《周易》书中的基本结构保存在我们文化传统中。

运用八卦起名，首先我们要对八卦有个初步的了解。下面，就简单介绍一下八卦的基本知识。

八卦，卦者，挂也，它的意思是把一种现象挂在人的眼前。八卦是把宇宙间的万物分成了八种现象、元素，把该八种事物展现出来，也就是所谓的八卦了。八卦的符号是由具有象征意义的基础符号进行排列组合而形成的。基础符号就是“—”“— —”，统称为爻。“—”代表阳爻，“— —”代表阴爻。三个这样的符号通过排列组合，组成八种形式就叫作八卦，即乾、坎、艮、震、巽、离、坤、兑。八卦中的每一种代表一定的事物。

八卦主要象征天、地、风、雷、水、火、山、泽等自然现象。八卦有八个方位，八卦与八方的相配是：震为东方，巽为东南，离为南方，坤为西南，兑为西方，乾为西北，坎为北方，艮为东北。八卦之中，以乾、坤两卦最为重要，被古人视为自然界和人类社会一切现象的最初根源。

《周易》神秘莫测，以上关于八卦六爻的介绍只是一些皮毛。《周易》常被人们用来预测自然和社会事物，也有人用来占卜吉凶，因而卦辞、爻辞被笼罩上一层神秘的色彩。因此，出于在蒙昧状态下对于大自然的敬畏，趋吉避凶的心理，古人便运用八卦六爻来起名。

运用八卦起名，最简单的方法是直接使用卦名。

南宋末年有一位才学渊博的学者名叫黄震，字东发。将名、字联系起来，他的名字就将八卦与方位相对应起来。震为东方，象征雷。《礼记·月令》记载仲春之月，“雷乃发声”，东发又与“万物出乎震”的意思暗合。历史名人中，采用八卦其他方位起名的也很多，如明朝文学家茅坤、明朝学者吕坤等。

爻辞是对八卦卦名的说明解释，很多人运用八卦起名时，不用卦名而取意爻辞。如明朝万历进士高攀龙，字云从，其名取自震卦爻辞“云从龙，风从虎”。唐代“茶圣”陆羽，字鸿渐，其名字是摘取《易经·渐卦》中“鸿渐于陆，其羽可用为仪”一句中的字而成。

由于八卦比较抽象，因此有些人运用八卦来起名时，并不直接使用卦名，而是采用较具象的八卦卦象起名。

如乾卦的卦象是：天、君、父、五、金、冰、大赤、良马、老马、瘠马、驳马、木果。使用上述卦象来起名的，其实质都寓含了“乾卦”之意。如明代文学家李梦阳，字天赐，号空洞子。其名梦阳，正与乾卦为纯阳之卦象合。其字天赐的“天”又是乾卦卦象。又如唐代文学家书法家李阳冰，字少温，名字都与乾卦的卦象相合。阳指乾卦，冰为乾卦的卦象；字为少温，即寒、冰的意思，也与阳冰意思相合。

如坤卦的卦象是：地、布、釜、吝啬、均、子母牛、大舆、文、众、柄、黑。凡使用坤卦卦象的命名，都寓含“坤卦”的意思。如吕布，字奉先，“布”是坤卦的卦象，可视为以坤卦命名。

震卦的卦象是：雷、龙、玄黄、大涂、长子、决躁、苍稂竹、蕉苇。

另外，巽卦象征幼树，坎卦象征大树，艮卦象征老树，离卦象征枯树。艮卦又与碎石、小石、门阙、小路等物有关；离卦与火、电、太阳、戈甲、鳖、龟等物有关；坎卦与沟渎、劳马、月、地下水、弓轮等物有关；巽卦与木、长女、风、绳索、气味、高等事物有关。这些卦象大都是具象的事物，易用来取名。如南宋官员黄龟年，“龟年”二字既与离卦卦象中的“龟”相合，又有长寿之意。

八卦起名法，是典型的中国传统文化衍生物。但由于《周易》深奥难懂，所以采用此种起名方式的大多是中国文士名流，或者是精通八卦之人，平常百姓则很少使用。明清以前运用八卦起名，讲究含蓄、隐晦，以寓意曲折绵密取胜。近代，八卦起名则一反前风，变得简明而直接。如近代资产阶级革命家熊秉坤，字载乾，其名径取八卦中的坤卦名，其字则是取八卦的乾卦名，坤为地，乾为天，天地相合，取意美满至极。

运用八卦起名法取的名字，名字响亮，寓意深刻，但《周易》八卦理论比较深奥难懂，这就要求运用此法起名者对《周易》要有较全面的了解。

生辰八字起名

在古代，生辰八字是命理学家常用来与姓名联系起来的手段之一，也是《周易》起名文化的一种体现。所谓的八字，即生辰八字，是一个人出生时的干支历日期。年干和年支组成年柱，月干和月支组成月柱，日干和日支组成日柱，时干和时支组成时柱，一共四柱。四个干和四个支共八个字，故又称四柱八字。

生辰即生日，八字是分别代表出生时年、月、日、时的八个字。因为古人计时与现在不同，他们是把十个“天干”（即甲、乙、丙、丁、戊，己、庚、辛、壬、癸）和十二个“地支”（子、丑、寅、卯、辰、巳、午、未、申、酉、戌、亥）分别搭配，依次各取二字组成词组（如甲子、丙寅等）表示时间，合称干支纪年或干支计时。由于年、月、日、时共用四对干支，合起来正好是“八字”。例如一个人的出生时间是1981年9月1日10点，根据万年历法排列，他出生于辛酉年丙申月壬午日乙巳时。辛酉、丙申、壬午、乙巳分别对应年柱、月柱、日柱、时柱。由于四柱由八个字组成，所以就叫作“八字”了。

古代孩子一生下来，父母往往会请算命先生排一排八字，看孩子的命运是好是坏，然后再根据八字中的偏缺情况来取名字。遇到这种情况，算命先生只要翻看历书并稍加推算，便可知道孩子的“八字”如何。干支纪年，十天干与十二地支依次组合，可用六十年，称为“六十年一甲子”，然后从头开始再轮回一个周期；干支记月则用十二地支分别表示十二个月，即正月为寅，二月为卯，三月为辰，四月为巳，五月为午，六月为未，七月为申，八月为酉，九月为戌，十月为亥，十一月为子，十二月为丑。由于各月份的地支已定，则其天干也可以根据规律推算出来。这一规律是：凡天干逢甲、乙的年份，正月的天干是丙；乙、庚年正月的天干是戊；丙、辛年正月天干是庚；丁、壬年正月天干为壬；戊、癸年正月天干是甲。由于根据这一规律可以知道正月天干，那么其他月份的天干便可依次类推了。

生辰八字中的天干地支分别对应五行中的五个元素。天干数为十，五行为五，二配一，天干从甲乙开始，五行从木开始。依次往下推，即：甲乙属木，丙丁属火，戊己属土，庚辛属金，壬癸属水。地支数为十二，从寅开始，寅卯辰属木，巳午未属火，申酉戌属金，亥子丑属水，其中辰戌未丑又兼属土。

根据上述天干地支与五行的相配关系，便可写出四柱八字的五行了。

例如，某人生于2010年3月25日0时0分，也就是农历庚寅年二月初十子时。可以计算出生辰八字为：庚寅己卯甲戌甲子。配合五行具体如下：

年柱：庚（金）寅（木）

月柱：已（土）卯（木）

日柱：甲（木）戌（土）

时柱：甲（木）子（水）

一般来说，生辰八字中所含的金、木、水、火、土的数量，某一个属性有两个相同的，就是适中的。通过分析这个人的八字五行：金木土木木土木水（4木，0火，2土，1金，1水），可以明显看出，五行木旺、缺火。因此可以判断出这个人的八字喜“火”，起名最好用五行属性为“火”的字。如：炎、煊、烽、晗、焓、炜、炀、煜等字，去克制偏盛的木，以达到平衡。

“八字”是中国命理学中的发明，经历了中国两千年的验证及无数先贤的智慧洗礼，是中国两千年来重要的文明缩影。但重要的是，不是所有用生日去运算的都是八字，八字也不是紫微斗术。在研究八字之前，最好从最基本的也是最基础的学起，掌握八字的含义与用法，了解它的功能与用途，正视八字和《周易》学说。

生肖属相起名

十二生肖是我国的传统文化之一，结合本人生肖起名，是古人起名时的一个习惯，并且认为与生肖配合的好坏直接影响这个人一生的凶吉。其实，这是一种过于绝对的说法，在此仅作为参考。

生肖，是指人出生的那一年对应的相似的动物。生肖又称属相，也就是人的面相何属。十二生肖就是：鼠、牛、虎、兔、龙、蛇、马、羊、猴、鸡、狗、猪。若以地支来论，子属鼠、丑属牛、寅属虎、卯属兔、辰属龙、巳属蛇、午属马、未属羊、申属猴、酉属鸡、戌属狗、亥属猪。这就是所谓的生肖或属相。

每个人都有自己的生肖，按自己的出生年月就可以找到自己的生肖或属相。

在我国的传统民俗文化里，生肖与属相起名的方法，是依据十二生肖与属相的内在精神，在名字与字形（即部首偏旁）上，避凶趋吉。即哪一属相的人在起名时，应该选用什么部首偏旁的字，而不宜选用什么部首偏旁的字。这种习俗很古老，流传很广，下面一一详细解析。

1. 鼠年生人

起名含有“米”“豆”“禾”“鱼”“月”的字，意味着食禄不愁，有福有寿，多子孙。如：梁、艳、麦、秉、秦、程、稔、谷、稷、稼；起名含有“人”“宀”字头的字，意味着居于仓库、屋室之中，安闲自在，无饥寒之虞，有栋梁之材、锦绣之禄；取含有“艹”字头，含有“田”字旁的字，虽无安闲之福，但节俭自丰，能克己、廉正、精明、能干。如：芬、芳、芸、茉、苗、苔、苓、若、茗、茵、莉、莎、萍、华、菁、茵、葵、蓉；取有“亻”部首的字，意味着贵人相助。

2. 牛年生人

起名有“艹”字头的字，代表粮食丰富，内心充实，一生不缺吃穿。如：丰、莉、芝、苗、茹、萍、菁、莲、艺、苹；

有“辶”“西”“鸟”“羽”的部首，意味有贵人相助，多才巧智，温和贤淑。如：金、酉、西、非、兆、凰、兑、白、秋、乌、泽、迈、医、风、飞、鹤、雀、鸟、巴、毛、建；起名有“宀”的部首，代表安享清福，上下敦睦，有“亻”“木”则义利分明、操守廉正。如：家、宏、宜、宇、宛、廉、庭、婉、姗；起名有“禾”“豆”“米”“叔”“麦”字，代表福禄双收，名利永在；有“氵”部首清爽享福，富贵增荣。如：秀、禾、科、秦、程、种、稻、酥、颖、麦、米、梁、豆、丰。

3. 虎年生人

起名有“山”“木”“林”之字根，意味适得其所，发挥潜能。如：山、岑、峰、峻、峭、岗、昆、峄、嵘、岳、峦、木、末、未、林、杵、枕、松、柄、柏、柳、柱、栋、森、楠、荣；起名有“王”“君”“令”“大”之字根，代表可掌大权，有威权之意。如：王、玉、珏、玲、珍、佩、珠、琴、琛、琰、瑞、玛、瑶、莹、瑾、璋、璇、环、大、夫、太、天、奏、奚；起名有“马”“午”“南”“火”“戌”“犬”之字根，代表有贵人多助之意。如：马、冯、玛、驻、骏、腾、红、然、炎、烈、烽、焕、炽、杰、狄、献、威；起名有“肉”“月”“心”“忄”之字根，表示粮食丰富，内心充实，如：月、有、青、朋、朗、朝、肖、育、肯、胜、心、志、念、恒、慈、爱、意、愉、怀；起名有“衣”“糸”“巾”“采”之字根，意为威风俊秀，如：表、衫、褚、衿、彦、彬、彩、彰、彭、影、希、席、帜、采。

4. 兔年生人

起名有“艹”部首的字和“木”部首的字，有食禄。如：芊、芬、芳、芙、卉、芥、苗、苔、茗、茶、茄、莉、莎、萍、茵、木、末、未、朵、李、杉、森、束、材、村、系、林、果、松、桐、桔、梅、霖、植、叶、朴、桦、树；起名有“禾”“米”“豆”“麦”“粱”“稷”“稻”等字，意为一帆风顺。如：禾、秀、秉、科、秦、程、禀、称、稻、谷、积、苏、获、豆、坚、丰、艳、麦、米、黎、小、阜；起名有“亥”“未”的字根，有帮扶之意。如：象、豪、家、聚、毅、朱、豫、美、善、义、祥、仪、羡。

5. 龙年生人

起名有“氵”“水”之字根，有冲天之势，成功隆昌，富贵增荣，一生享福禄。如：水、冰、永、求、江、沈、汪、添、法、泰、泉、注、沛、泳、淳、海、淋、涵、清、汤、涣、滢、渝、洁、潮、济、瀚、洒；起名有“日”“月”的字根，可增加属龙者的内心世界充实感。如：日、月、青、有、旺、清、早、明、昆、易、星、昌、春、是、映、晃、晁、时、晨、晶、景、普、晴、晰、暑、暖、畅、云、勖、曾、望、期、朝；起名用有“马”“午”之字根，因龙与马在一起，会有“龙马精神”的干劲，积极努力开创前程。如：马、冯、驻、骋、骏、腾、骞、腾、骜。

6. 蛇年生人

起名有“口”“宀”“冖”部首，有悠游自如、一帆风顺之意。如：容、台、可、名、同、如、合、向、含、君、呈、吴、周、品、四、回、因、国、园、圆、宋、定、宙、官、宜、宥、宫、宪、宸、富、宁、宝、寰、宾；起名有“木”“彡”“糸”“衣”“示”“采”“巾”之部首，有腾飞之意。如：木、本、未、杰、材、东、林、松、桐、栩、栋、枫、森、楚、业、桥、树、彤、形、彦、彬、彩、彭、影、纪、纷、彩、素、细、绮、紫、经、纶、绮、维、纬、缘、绩、缤、祁、祝、祖、席、师、帆；起名有“马”及“羊”字根的字，意为有帮扶的力量。如：马、许、南、腾、驿、驹、骞、骊、羊、群、义、喜、祥、翔、姜、姝、妹；起名有“忄”“心”“月”之字根，有衣食无忧之意。如：心、必、志、念、思、志、恬、恭、恩、悦、惠、情、爱、慈、愉、慧、庆、庆、怀。

7. 马年生人

起名有“草”“禾”“麦”“叔”“稷”“豆”“粟”“粱”等

字根，意为食禄不愁，福寿多子。如：芊、芙、芝、芩、芬、苑、若、苡、苹、茂、茗、茱、茵、茹、荷、萱、莲、禾、秀、秉、秋、科、秣、秦、稟、梨、稷、谷、稼、积、酥、秾、获、豆、丰、坚、艳；起名用有彩衣的部首，如“糸”“巾”“彡”“衣”，有腾飞、发达之意。如：纪、约、纯、级、素、绅、纱、紫、洁、维、缘、练、致、绩、衫、裕、形、彤、采、彦、彩、彬、彪、彰、希、帆、席、常；起名有“目”字根，意为贵人多。如：目、直、相、盼、看、眉、真、睦、睿；起名用有龙之字形，代表“龙马精神”，积极、生产、活力、有干劲、成功之意。如：龙、辰、农、秾、宝。

8. 羊年生人

取有“艹”“禾”“木”“米”“麦”“禾”“豆”“稷”等字根，意为钱粮自足。如：卉、芎、芙、芝、芭、稷、稼、芮、芳、芸、苑、苒、苔、苗、若、苹、茁、茗、茱、茹、草、荷、莠、莧、莉、菊、菁、兰、萱、叶、苇、蓉、莲、倩、苔、艺、松、枋、林、果、柳、栗、株、桐、槿、梁、梓、棋、栋、椒、森、枫、楣、楚、荣、槐、树、橙、横、樱、权、米、妆、粟、精、粲、粱、粹、禾、秀、秉、秋、科、秣、秦、稟、稠、稻、谷、积、稣、凯、麦、丰、坚、艳；起名有大“口”“宀”“门”部首，即有安享清福之意。如：口、闳、开、同、周、和、哈、唐、亚、商、乔、单、回、圆、园、图、团、宋、宇、容、守、定、宜、家、富、宽、宙、寰、骞、婷、宏、安。

9. 猴年生人

起名有“木”“禾”字根，意为清贵享福，成功发达。如：林、校、树、桃、桥、本、棋、木、果、杏、森、植、松、椰、椅、杜、秀、秆、积、称、科、秒、秋；起名有“金”“玉”“米”字根，意为英俊佳人，多才贤淑，福禄双收。如：金、钦、铭、铁、银、锦、钟、铃、锋、锐、铮、玉、莹、钰、玺、粟、米、精；起名有三合（申子辰）之字根，即“子”“氵”“水”“辰”，意为有贵人帮扶。如：子、孔、字、存、孝、字、李、孙、学、辰、宸、丽、贝、庆、麟、麒、晨、水、永、冰、求、泽、汐、池、江、汝、沐、沙、沛、河、泓、法、湘、泯、泳、泉、泰、洋、洞、津、洪、活、浚、浩、海、涵、淮、涂、清、涣、游、凑、湜、涌、湖、汤、源、洁、泽、浊、浓、济、涛、坤、绅。

10. 鸡年生人

起名有“禾”“豆”“米”“粱”“麦”“粟”之字根，有食禄，多子孙之意。如：禾、秀、秉、科、秧、秒、秩、秦、程、禀、稞、稠、种、稻、稷、谷、积、稣、豆、岂、丰、坚、艳、米、粟、粱、麦、甫；起名有“山”“木”之字根，代表白手起家，勤劳致富，才智过人。如：山、岗、岱、岳、岷、岸、峒、峙、嵇、嵋、嵩、嶂、嵘、岭、彬、杞、东、枕、林、柏、杰、桐、梁、栋、棠、森、楚、业、榛、荣、树、桦；起名有“宀”“冖”部首，意为自在安闲，多才巧智，环境良好。如：宅、庭、守、安、宋、宜、宛、宙、定、宣、家、寂、审、宇。

11. 狗年生人

起名有“宀”“冖”“入”部首，意味着好命，衣食无忧。如：宇、守、安、宏、宜、宁、宙、宥、家、富、冠、内、全、俞、公；起名有“亻”“人”“入”部首，意味着有其饲主，并忠于主人，忠于事业，忠于爱情，忠于钱财。如：人、今、任、令、仰、仲、企、伸、布、位、住、伯、余、佩、佳、依、俊、杰、倩、值、伟、健、仪；起名有三合之字根，狗为戌，“寅午戌”为三合。“寅”字根如：虎、处、虚、献；“午”字根如：玛、竹、笃、骏、驻、骋、骆、骐、骞、腾、骧、骅。三合的力量对人的帮扶大，人缘、贵人运都好。

12. 猪年生人

起名有“豆”“禾”“米”“草”的字根，意为福禄双收，一生不愁吃穿。如：豆、丰、坚、米、粟、精、秀、禾、秉、秦、种、稻、菊、苏、麦、稷；起名有“宀”“冖”“入”“门”部首，大多比较有福气，有安闲之福，无饥寒之忧。如：宇、家、宋、安、宏、宙、宜、定、富、兰、娴、宽、守；起名有“金”之部首的字，意为有贵人帮扶。如：铃、铭、铨、钧、镇、锐、锋、钟。

另外，民俗以为，有些姓氏具有生肖特征，具体来说，有如下几种情况：

1. 有的姓氏直接属于生肖姓。即：马、牛、羊、龙。

2. 姓氏中含有生肖中的某个字，因而便间接地属于生肖姓氏。如：冯、骆——属马；庞、龚——属龙。

3. 由于地支与生肖有固定的搭配关系，古人便将含有地支中某个字的姓，也归于生肖姓之列。如：孙、孔、季、游都含有子字，故属鼠。

古人对不同年份出生的人，起名时会注意避开相冲相害的字，而选用相合的字为名。如：

鼠年生人不宜用含有午、马和未、羊的字为名，否则就犯了相冲相害。

牛年生人不宜用含有未、羊和午、马的字为名，否则就犯了相冲相害。

虎年生人不宜用含有申、猴和巳、蛇的字为名，否则就犯了相冲相害。

兔年生人不宜用含有酉、鸡和辰、龙的字为名，否则就犯了相冲相害。

龙年生人不宜用含有戌、狗和卯、兔的字为名，否则就犯了相冲相害。

蛇年生人不宜用含有亥、猪和寅、虎的字为名，否则就犯了相冲相害。

马年生人不宜用含有子、鼠和丑、牛的字为名，否则就犯了相冲相害。

羊年生人不宜用含有丑、牛和子、鼠的字为名，否则就犯了相冲相害。

猴年生人不宜用含有寅、虎和亥、猪的字为名，否则就犯了相冲相害。

鸡年生人不宜用含有卯、兔和辰、龙的字为名，否则就犯了相冲相害。

狗年生人不宜用含有辰、龙和酉、鸡的字为名，否则就犯了相冲相害。

猪年生人不宜用含有巳、蛇和寅、虎的字为名，否则就犯了相冲相害。

民俗还认为，对于那些姓氏中具有生肖特征，即含有生肖字或相应的地支字的人，起名时要避开地支的六冲六害，否则不宜。例如李、孔等姓在地支上属子，起名时不宜用含有“午”“马”的字，如“许”“驿”等字，因为子午相冲，也不宜用含有“未”“羊”的字，如“妹”“洋”等字，因为子、未相害；适宜用含有“丑”“牛”的字，如“钮”“莋”等字，因为子、丑相合。

起名须考虑生肖，与生肖（及其相配的地支）相冲、相害为凶，相合则为吉，这方面的知识较为复杂，我们只做简单的介绍，大家了解即可。

梦兆起名

梦兆起名，是指在孩子出生期间，根据父母长辈的梦境起名。自古以来，人们就对“梦”有所见解，如书籍《周公解梦》。俗话说，日有所思，夜有所梦。人们往往根据所做的梦来推测生活中的事，如在孩子出生前，若做一个吉祥的梦，便认为孩子必为人中俊杰，并常以此起名。

以下以一些具体的人名举例，以供参考。

文天祥原名云孙，是因其祖父梦见幼孙腾云而来。后改名天祥，则是因宋理宗认为他是上天赐予宋朝的祥瑞。

陆宰之妻梦秦观而生子，因秦观字少游，遂起名为陆游，字旁观。

南宋著名爱国将领岳飞字鹏举，其名与字也都是托梦而得。据说，岳母在生岳飞时梦见大鹏飞栖于其屋上，因此为之取名为飞，取字为鹏举。此名既应了梦兆，也寄寓了岳母对岳飞的期望，希望他在人生道路上能如大鹏展翅一般，青云直上，飞绝万里。

不仅在古代，近代也有很多以梦兆起名的名人。如现代文豪郭沫若小名叫文豹，就是因为其母怀他时梦见一头豹子咬她的左手虎口；著名音乐家冼星海，其母在怀他时，曾做过一个梦，梦中她抱着孩子坐在船头，仰望夜空，满天的星斗，突然一颗星飞落海里，母子俩便朝星落的方向划去，把星星从海里捞起。梦醒后她把此梦告诉丈夫。丈夫说："孩子生下来就叫'星海'吧!"就这样，一位伟大的音乐家的名字诞生了。

梦兆起名，较常见的形式是"梦×"。例如，梦见梅花盛开，起名梦梅；梦见皓月入怀，起名梦月；梦见先人现身，起名梦君；梦见财源茂盛，起名梦富，等等。

从古至今，用梦兆起名的人数不胜数。的确，因梦起名有着深厚的渊源，应当指出，古今虽然都有以梦兆或其他征兆起名的习惯，但动机却似同实异，古人迷信，常希望吉兆能保佑孩子平安长大，出类拔萃，今人则主要是为了纪念的目的。

根据字辈起名

字辈是中国传承千年的重要起名形式，也是古代一种特别的“礼”制，它一直延续到现代。按照字辈起名，一辈一字，世代分明地传承下去，不致紊乱。表示父辈、子辈、孙辈的辈谱字，是各家族的祖宗在生前就为后世几代甚至几十代子孙规定好的，起名时加上表示辈分的字就行了。

字辈，表示家族辈分的字，俗称派，其意均为修身齐家，安民治国，吉祥安康，兴旺发达。它起源于宋朝，《谱牒学研究》中记载，宋太祖赵匡胤立了13个“范字”——德惟从世令子，伯师希与孟由宜，加上“匡”共14字，这恐怕是我国最早的辈字。

一般而言，字辈谱所选之字是由开基祖（始迁祖）厘定的，并被写入家谱，具有宗族的权威性，后裔子孙按照字辈谱起名，一辈一字，世次分明地传承下去。即使家族分迁，散居各方，或年代久远，支派浩繁，世系庞杂，只要按字辈谱起名，就可保证同宗血脉的一气贯通，世系井然而不致紊乱。

所以，这套高度文明的辈谱制度，是确保家族血缘秩序永不紊乱的重要方法。昔时家谱在编订字派之前，均有明确的诠释。如明代《太原郡王氏宗谱》载：“行第原为合族定名分而设，使子子孙孙，承承继继，不致有干犯之嫌。故凡世家巨族，莫不皆然。事为至巨，而非泛立也。”

按家族辈谱起名主要有三种方法。

1. 同辈双名用字中共用一个字。这种起名方法以双名为前提，即取家族辈谱中的一个字，再与另一个字组成名。这是家族辈谱起名中最常见的一种方法，孔子家族就是一个典型的例子。

世有“天下无二孔”之说，就是自孔子为后世尊为圣人之后，天下姓孔的都统一归系于山东曲阜，各支系都统一以曲阜孔庙议定的世系谱牒为规，不得标新立异，故天下孔姓人都“同宗”。曲阜孔氏家族自元朝的孔氏第 54 代衍圣公孔思晦始用辈字，并定第 55 代为“克”字辈后，历代皆用字辈字起名。从第 56 代至第 85 代的 30 个字辈字是：

希言公彦承，宏闻贞尚衍，

兴毓传继广，昭宪庆繁祥，

令德维垂佑，钦绍念显扬。

1920年，孔氏第76代衍圣公孔令贻又续了第86代至105代的20个字辈：

建道敦安定，懋修肇益常，

裕文焕景瑞，永锡世绪昌。

以代间时跨为25年计，到“昌”字辈，已是近公元26世纪了。

孔子家族谱字还只是一些单字，而一些家族在修谱时常常编定一首寓意深刻的五言诗或七言诗，族人起名时便按辈分高低依次选用“字辈诗”中的一个字。这种“字辈诗”的修谱方式从诞生起便迅速流传开来，并成为我国流传最广的起名方式。

2. 同辈单名用字中共用一个偏旁。这种起名方法，是指名中汉字的偏旁相同，且不同的辈分使用不同的偏旁，它多见于单名。《红楼梦》在这方面做了典型的例证。

贾府里的第一代，选用“水”字偏旁的字：贾演、贾源；第二代，选用“人”字偏旁的字：贾代化、贾代儒、贾代修；第三代，选用“文”字偏旁的字：贾敷、贾敬、贾赦、贾政、贾敕、贾效、贾敦；第四代，选用“玉”旁的字：贾珍、贾琏、贾珠、贾环、贾瑞、贾宝玉；第五代，选用“草”头的字：贾蓉、贾兰、贾芸、贾芹。

3. 同辈双名用字中共用一个字和一个偏旁。这种起名方法，是以上两种方法的综合，这样通常能形成更严整规范的名字序列。

如明代崇祯皇帝朱由检，与其兄朱由校、堂兄弟朱由榔、朱由崧等，第二字是共同的“由”字，第三字又共“木”字偏旁，每个人都用半边字表示区别，这是家天下观念在皇族取名中的反映。又如现代出版家、民主人士邹韬奋，为孩子起名，都选用“马”偏旁字。长子名为嘉骅，次子名为嘉骝，幼女名为嘉骊。合起来看，是邹家的“三匹好马”。三兄妹没有辜负父亲的期望，邹嘉骅后改名家华，曾出任国务院副总理；邹嘉骝后改名竞蒙，曾出任国家气象总局局长；邹嘉骊后改名加力，也是学业有成的专家。

以字辈或族谱起名是中国历史上一个重要的起名方法，如今仍有着广泛的影响，成为中国传统文化中一种特有的文化现象。上自皇室家族，下至黎民百姓，甚至和尚道士都喜欢用。它所固定的取名用字，具有相当稳定的因素，可以世世代代秩序井然地延续下去，且不同于有些方法变化无常。特别是它的传承性，可帮助人们推行世系序列，对于那些侨居海外的侨胞及台湾、香港、澳门同胞寻根认祖、分清乡亲邻里、长幼辈次等有重要作用。但是随着社会的进步和经济的发展，人口流动更加频繁，有人脱离故土已达 2～3 代，那么以字辈族谱来起名的方法对其影响也就小了。

以物象起名

以物象起名，是指借用表示大自然中一切事物名称的字词起名。用大自然中的山河、动物、矿物等身边熟悉的事物名称作为孩子的名字，不仅取材方便，适合于古代人的认识水平。更为重要的是，寄托了对孩子的良好愿望，祈愿孩子能像动物那样健壮与灵巧，生生不息；能如矿物、山河一般坚实、雄伟而久远。

以物起名，大多采用象征美好、幸福、强健有力、积极向上的物象来起名。这类的字有花、虎、宝、莺等；例如在古代，人们多以“玉”起名。“玉”字用于人名的具体名字有战国时代的诗人宋玉、东汉末年农民起义领袖李玉、宋朝女英雄梁红玉、明朝开国大将蓝玉、明末抗清大将左良玉、清军机大臣张廷玉等。

今天，“玉”多用为女名，取其洁白无瑕之意，甚至古代一些男名的常用字如瑛、珊、琚、瑶、琼等，今也多入女名。

类似“玉”的常用于人名的字还有山、水、河、海、石、风、云、松、竹、梅、花、叶、雪、雨、玉、冰、凌等；词语有松志、若松、松叶、晓竹、竹心、碧竹、友梅、寒梅、琼花、花月、秀山、青山、逸山、清河、和风、玉石、坚石、海涛、海弦、如云、美云、玉叶、白雪、雪亮、玉洁等。

以物象起名的确有很好的寓意，但如果其意义晦涩难懂、鲜为人知，那么用这样的词语取出的名字也不是好名字。如有一些人喜欢用“蝉”字起名，如夏乐蝉、张苦蝉等。这样的名字表面上看起来也是很普通的名字，其实不然。

人们通常认为蝉有五德：文、清、廉、俭、信。陆云在《寒蝉赋序》中说：“夫头上有緌，则其文也；含气饮露，则其清也；黍稷不享，则其廉也；处不巢居，则其俭也；应候守常，则其信也。”由此便可知，原来夏乐蝉、张苦蝉的名字寓意是很深刻独到的，但真正能理解其中寓意的人很少，绝大多数人都不懂，于是，名字也就失去了交流的意义。

以物象起名，一般是根据物的性质，寓以特定的思想含义，这种起名方法自古至今绵延不绝，在起名时很值得参考。

抓周儿起名

周岁起名是汉族的一种习俗，最常见的是流行于民间的

“抓周儿”起名。这种习俗最早起源可以追溯到魏晋南北朝时期，确切地说，抓周儿在南朝的时候在江南一带比较流行，所以起源的时间应比南朝还要早，明清开始称“抓周儿”或“试周儿”。

所谓“抓周儿”，就是在孩子满周岁时，在其面前摆放各种物品或生活用具，任其随意抓取，以此来预测孩子日后的前程、性格、志向和兴趣，并根据抓取的结果，取相应的名字。它是小孩周岁生日的一种庆祝方式，又是一种起名的风俗习惯。

“抓周儿”的仪式一般都在吃中午长寿面之前进行。讲究一些的富户都要在床（炕）前陈设大案，上摆印章、儒释道三教的经书，笔、墨、纸、砚、算盘、钱币、账册、首饰、花朵、胭脂、吃食、玩具；如是女孩“抓周儿”还要加摆铲子、勺子（炊具）、剪子、尺子（缝纫用具）、绣线、花样子（刺绣用具），等等。一般人家，限于经济条件，多予简化，仅用一铜茶盘，内放私塾启蒙课本《三字经》或《千字文》一本，毛笔一支、算盘一个、烧饼油果一套。女孩加摆铲子、剪子、尺子各一把。由大人将小孩抱来，令其端坐，不予任何诱导，任其挑选，视其先抓何物，后抓何物。以此来测卜其志趣、前途和将要从事的职业。

如果小孩先抓了印章，则谓长大以后，必乘天恩祖德，官运亨通；如果先抓了文具，则谓长大以后好学，必有一笔锦绣文章，终能三元及第；如是小孩先抓算盘，则谓长大善于理财，必成陶朱事业。如是女孩先抓剪、尺之类的缝纫用具或铲子、勺子之类的炊事用具，则谓长大善于料理家务。反之，小孩先抓了吃食、玩具，也不能当场就斥之为“好吃”“贪玩”，也要被说成“孩子长大之后，必有口福，善于及时行乐”。总之，长辈们对小孩的前途寄予厚望，在一周岁之际，对小孩祝愿一番而已。

我国著名的学者钱锺书先生的名字就是一岁时自己抓周儿抓出来的。当时，他一下手便抓到了一本书，钱先生的父亲便以此为据，稍加推敲，为其起名为“锺书”，一方面是希望他将来钟情于书，另一方面也是鼓励他多读书、读好书，成为大家。后来，他博览群书，精于书道，成为一代名家，果然与书打了一辈子交道。所以，抓周儿起名就是以此来预测日后的前程、性格、志向和兴趣，并根据抓取和预测的结果，取相应的名字。

这种起名方法比较独特，需要在孩子出生后进行。孩子满月后，你可以取来各种具有象征意义的小物件，然后让孩子来抓，根据孩子抓到的东西，衍生出一个有美好寓意和祝福的名字来。

假借植物起名

假借各种植物名称以起名，这也是古人最常见的一种起名方法。花草树木等植物不仅有绰约的风姿和艳丽的色彩，而且有深刻的文化底蕴。如牡丹寓意高贵、梅花寓意坚贞、荷花寓意纯洁、玫瑰寓意友爱、松柏象征长寿、竹子象征节操，等等。

汉字具有十分丰富的表现力，它使自然界中的植物都有一个优美动听的名称。我国历代风俗中有将物比人的习惯，用植物名作为人名，确实具有较强的表现力，因此，人们经常用花草树木的名称来起名。如前秦诗人苏蕙，南朝齐国文学家韩兰英，唐代诗人宋若莘，五代诗人花蕊夫人，宋代诗人蒲芝，元代女诗人薛蕙英，明代诗人朱桂英、胡莲，学者黄幼藻，清代作家王荪、朱菊龄，诗人方若衡、王采萍等，都是用花草作为自己的名字。

以松柏起名。《论语》云："岁寒然后知松柏之后凋也。"松柏象征坚贞。松枝傲骨峥嵘，柏树庄重肃穆，且四季常青，历严冬而不衰。以松起名，多取其精神与品性之象征意义。如松、青松、石松、劲松、寒松、松青、松玉、松强、松德、松鹤、松立等。

以杨柳起名。由于杨柳对环境有较强的适应能力，又早于其他树木发芽、长叶，因而被认为是春的使者；加之垂柳等婀娜多姿，风流可爱，在人们的审美活动中占有一定地位。《诗经·采薇》有“昔我往矣，杨柳依依”之句。惜别折柳，清明插柳，早已成为习俗。人们也习惯了取杨柳字为名，以显得活泼可爱、富有生命力。单名如白杨、杨柳，双名如王柳依、赵柳滨、孙柳青、张春柳。

以梅起名。梅兰竹菊被古人称为“四君子”。梅，花姿秀雅、风韵迷人、品格高尚、节操凝重。有人叫冬梅、雪梅，是说梅耐寒；有人叫春梅，是说梅报春早；有人叫香梅、梅芳，是说梅有清香。以梅花起名，多取其精神与品性之象征意义，如评梅、寒梅、玉梅、笑梅、爱梅、梦梅、景梅、艳梅、香梅、梅芳、梅玉、梅芬、梅竹、梅姿、梅影……

以花起名。花是一种非常美的、悦目赏心的植物，人们都非常喜爱它，常用于女性的名字以表示美好、亮丽祝福之意。牡丹素称国色天香、花中之王，以其为名，取其雍容华贵、艳美富丽。兰花是我国传统名花，纤美精致，婀娜多姿，奇异潇洒，清新高雅，幽丽素净。以其为名，除取花色之外，空谷幽兰，多寄托幽雅之情、高古之风。菊花与兰花同为花中君子，它们傲霜挺立，凌寒盛开，花姿绰约，高雅秀逸。以花草树木入名的还有：芍药、月季、水仙、杜鹃、海棠、石榴、灵芝、卉、惠、竹、柏、杨、槐、竺、榆、桑、桃、李、杏、桂、桦、樟、桉、枫、荔、冬青、苎知等。起名的如于桑、柏森、张卉、杨槐、李梦竹、乔思惠等。

花草树木赋予世界灵性，它们使大地一片生机盎然，用于人名，使名字沾上了大自然的灵气，充满了健康和绿色，甚至能使人产生回归自然的感觉。我们也可以效仿古人，假借各种植物名称起名。

按排行起名

所谓排行起名，是指根据年龄的长幼依次排序起名，这是我国重要的一种起名方式，也是我国姓名文化中重要的内容之一。具体说来，以排行起名，主要表现在用字上，一般可分为五种：以有排行含义的字起名，两个字沿用一字起名，单名沿用偏旁（或字头）起名，单名用合文相同字起名，用固定的词语、词组排行起名。

1. 以有排行含义的字起名

用伯、仲、叔、季字起名。古代表示兄弟排行的字自大到小其秩序是：伯（孟）、仲、叔、季，即老大、老二、老三、老四。欲表示在兄弟姐妹中居长，则用“孟”字。这种排行的方法，自周秦而汉唐，直到现代，还很普遍运用。汉人在伯（孟）、仲、叔、季之外，还加长、元、次、幼、稚等许多表示排行的形容字，在起名时大量使用。例如，三国时夏侯渊的五个儿子，他们的字分别为：伯权、仲权、叔权、季权、稚权。也有在名中使用的，如古代孔僖的两个儿子，分别叫孔长彦和孔季彦。

用数字排行起名。底层百姓的孩子起名一般不用“伯仲叔季”，而用“一、二、三、四”，多因其缺少文化知识，不会起内涵深刻的名字。如，《水浒传》中阮小二、阮小五、阮小七皆渔户出身；武侠大刀王五也出身贫寒。历代农民起义的人群中，以一、二、三、四起名的人举不胜举，如元朝的蔡五、布王三；明朝的刘六、刘七、方四、王二；清朝的赤脚张三、于七、吴八十、苏四十三等。然而，从历代官宦、诗人等人中找不出如此简陋之名。

表示排行的，还可以借汉字的大写壹、贰、叁、肆、伍、陆、柒、捌、玖、拾等。如赵壹、陈克陆。排行字还可用表示第一名与第二名的“冠”与“亚”，如“亚女”为家庭的第二个女孩；“冠南”，表示家庭所生第一个男孩，如冠奇、亚军、亚男等，具体人名如陈冠辉、邓亚萍、李亚鹏、熊亚飞等。

2. 两个名字共用一字起名

两个名字共用一字起名是指兄弟之间的名字，两个名字有一字相同。此方法亦始于春秋战国时代。如《左传》中记载有长狄兄弟四人名为侨如、樊如、荣如、简如。元末农民起义领袖之一张士诚与弟张士德、张士信。到近现代，兄弟名中有一字相同的就更多了，如剑波、剑文、剑海，明星、明理、明杰、明强，丽英、丽华，吕文、吕武，德志、德惠，洪年、克年、新年，红英、建英、风英、文英，等等。

3. 单名沿用偏旁起名

单名沿用偏旁（或字头）起名是指兄弟之间的名字单名的偏旁或字头相同。早在东汉有荀淑之的儿子荀显、荀昙，都是“日”字头。三国有刘表的儿子刘琦、刘琮，名字中都有“王”字偏旁。五代宋初的窦仪五兄弟分别为窦仪、窦伊、窦侃、窦偁、窦值，名中都有“人”字旁。著名唐宋八大家之内的苏轼、苏辙兄弟，名字中都有“车”字旁。当今此类名字更是屡见不鲜，如某中学王氏三兄弟，分别起名为：王冠琪、王冠钰、王冠瑶。

4. 单名用合文相同的字起名

汉字里合文字不多，如森、鑫、晶等，所以用作兄弟排行的名字甚少，但却颇具匠心，如洪氏三兄弟：洪林、洪羽、洪炎。现代有兄弟以金木水火土的合字起名，其名：鑫、森、淼、焱、垚。如有一冯姓兄妹，兄名为冯磊，妹名为冯卉。可用合字起名的字主要有：林、吕、从、双、出、比、圭、炎、羽、朋、多、众、鑫、森、磊、矗、品、犇（奔 bēn）、兢、品、赫、荔、竹、昌等字。

5. 用固定的词语、词组排行起名

这样的词语、词组或是一事物的名称，或是诗词文章中的一句话，或是一句常用语，或是一些习惯用词等。

孙中山先生在告诫蒋介石、戴季陶、金诵盘时说："为了革命大业，应齐心协力，搞好团结。"戴季陶紧接着说："我与介石、诵盘跟随先生多年，情如兄弟，全听先生教诲。我们三人共有四个儿子，不妨让他们正式结为兄弟吧。恳请先生给他们起名。"

于是，孙中山先生取"经天纬地，安邦定国"这句话中的"经""纬""安""定"四个字，并与"国"字相连为名。这样，四子按年龄排序，名字就分别是蒋经国、蒋纬国、戴安国、金定国了。

以出生地起名

用地名作名字是古人比较常见的起名方法。所谓出生地（或祖籍地）起名法，就是指按照一个人的出生地起名的方法。这是古人起名的又一重要方法，也是比较普遍的起名方法。这种起名方法，既简单又有一定内涵，可追溯到人类文明发展史的初期。

我国历史上，有一部分姓氏是由国名、邑名、地名等演化而来。比如春秋时期越王勾践的一个孙子，被分封在欧余山的南边，其后人就以欧阳为姓，表示是在欧余山之阳的家族。

据《东周列国志》记载，春秋时代的越国美女西施就是借“西边之地”而起名的。“一山有东西二村，多姓施者。女在西村，故以西施别之”。这是说，“西施”因西村姓施而名。还有另一种说法，称西施所住的苎罗村有条小溪，此溪将村子分为东西两部分，西施即指住在小溪西边的施姓人家的姑娘。

以出生地起名，最常用的方法是用出生地的简称、代称以及出生地的特性，再加上配字组成的名字。如：张吉林、谢福建、王新疆等；再如一个人生在辽宁，就叫辽生；比如一个人是在北京生的，就起名京生，也有叫燕生的，因为北京也称燕京。名主为何方人氏，从名字上便可一目了然。但这类名字过于直白，极易重名，起名时应注意回避。较好的办法是将地名经过加工，与其他有意义的字组合成双字名，这样既使人名的含义更为丰富，而且也不容易造成重名。例如，生于山东，不必非叫鲁生，可以叫鲁光、鲁强、兴鲁、鲁中、鲁玉、鲁齐、东藩、东国等；又如生于河南、湖南、海南的，好以“南”字入名，生于山东、广东的好以“东”字入名，生于江西、山西、广西的好以“西”字入名，生于河北、湖北的好以“北”字入名，生于云南的好以“云”字入名，生于新疆的好以“新”字入名，等等。由于省、区名称有限，起名时应以双字名为主，特别要注意两个字的搭配，以免造成重名。

以出生地与籍贯相结合来起名的现象也是极为常见的。这种起名方法是将出生地和籍贯结合起来起名，这类名字同时寄托着对出生地和籍贯所在地的深厚感情。

20世纪60年代，许多上海知识青年响应号召，为支援大西北建设来到新疆。他们在那里艰苦创业，深深地爱上了那片土地。在为孩子起名时，便有意识地将上海与新疆联系起来。如沪新、申疆、海新、海疆、新浦、新海等，既表达了对故乡的思念，对新疆和新生活的热爱，又表达了对子女的期望。

用这种方法起名的现象在城市也很多，这些名字通常是在祖籍地与出生地名中各取一字，联缀成名，如辽豫（辽宁—河南）、申杭（上海—杭州）、秦湘（陕西—湖南）、皖青（安徽—青海）、吉贵（吉林—贵州）、川鄂（四川—湖北）、甘津（甘肃—天津）等。

以孩子出生地附近的地形、地貌的名称起名，也是一种十分流行的方式，选材大都集中在山川湖海，尤其是名山大川的名称上。例如，生于新疆，取名天山；生于四川，取名峨眉；生于山东，取名沂蒙；生于河南，取名嵩山，等等。又如，生于大连，取名海滨；生于桂林，取名漓水；生于南京，取名秦淮；生于湖南，取名洞庭，等等。山川湖海钟灵蕴秀，乃大自然之造化。采撷入名，除了有纪念意义外，还能给人以较强的美感享受。郭沫若原名郭开贞，他的家乡四川乐山是沫水和若水两条河的交汇处，为了表示对家乡的怀念，改名为沫若。

这类名字十分常见，从名字上我们可以体会到名字主人与某山、某水、某地的渊源关系。

我们身边，以地名起名的比比皆是，只要选好地点，选对用字，名字当然就会响当当了。

按出生时间起名

以孩子出生时间起名，是我国人民最喜欢的传统起名习俗之一。以孩子出生时间起名，有不同的表示方法，下面主要介绍几种：

1. 以出生的时辰起名

在我国古代，习惯上把一天二十四小时分作十二个时辰，即每两个小时为一个时辰，并以十二地支子、丑、寅、卯、辰、巳、午、未、申、酉、戌、亥分别表示每个时辰。即：子时（约 23～1 时）、丑时（约 1～3 时）、寅时（约 3～5 时）、卯时（约 5～7 时）、辰时（约 7～9 时）、巳时（约 9～11 时）、午时（约 11～13 时）、未时（约 13～15 时）、申时（约 15～17 时）、酉时（约 17～19 时）、戌时（约 19～21 时）、亥时（约 21～23 时）。另外，我国民间传统还把这些时辰叫作夜半、鸡鸣、平旦、日出、食时、隅中、日中、日失、晡时、日人、黄昏、人定。有些人习惯采用这种计时方法给孩子起名。当然也有其他的计时表示法。

我国著名相声表演艺术家侯宝林先生的乳名，就是按照时辰起名法起的名字。侯宝林先生出生于农历十月十五日酉时，所以他的家人为他起乳名叫“小酉儿”。明史专家邓拓的乳名是邓旭初，就是因他出生在清晨而起的。

2. 以出生日起名

所谓以出生日起名，就是指以婴儿出生的那一天起名的方法。如，老舍生于清光绪二十四年农历十二月三十日，即农历“立春”第一天，父母给他起名“庆春”。再如，某人生于8月1日的“建军节”，其父母为了纪念这一节日，起名为“建军”；王重阳，即表示他出生在农历的重阳节这一天；吴建国、孙国庆即表示他们出生在10月1日的国庆节；孩子出生在大年三十的除夕可叫“夕生”，出生在农历正月的元宵节可叫“元夕”。

3. 以出生月起名

在我国，每个月份都有自己的别称，并且同一月份的别称也不尽相同，很多人就利用这些别称为孩子起名。别称具体如下：

农历每年的第一个月称为正月，又称为元月、初月、孟阳、孟春、首阳、新正、复正、开发、早春、征阳等。

第二个月为建卯，又称仲春、仲阳、夹钟、令月、花月、如月、杏月、同月、大壮等。

第三个月为建辰，又称季春、末春、暮春、莺时、蚕月、辰月、桐月、樱笋等。

第四个月为中吕，又称阴月、麦月、槐月、乏月、梅月、建巳、孟夏、初夏、维夏、麦秋等。

第五个月为午月，又称薄月、皋月、炎月、天中、建午、小刑、仲夏等。

第六个月为暑月，又称末月、荷月、莲月、焦月、秀月、伏月、季夏、征暑等。

第七个月为初秋，又称新秋、上秋、首秋、兰秋、建申、兰月、霜月、杏月、巧月、瓜时等。

第八个月为桂月，又称壮月、仲秋、中秋、正秋、南吕、建酉、仲商、竹小春等。

第九个月为菊月，又称玄月、成月、朽月、青女月、建成、季秋、凉秋、正秋等。

第十个月为坤月，又称玄月、阳月、正阳、建亥、孟冬、应钟、上冬等。

第十一个月为子月，又称龙潜月、畅月、复月、建子、黄钟等。

第十二个月为末冬，又称残冬、暮冬、季冬、腊月、临月、冰月、严月、建丑、大吕等。

以上这些月份的别称既可以直接使用，又可以取其精华使用。比如说十月出生的男孩子可以用带有“玄、阳、建、孟”字起名，使人有阳刚之气；七月出生的孩子也可以起带有“兰、霜、巧、杏”的名字，给人以柔美的感觉。

4. 以出生季节起名

按季节起名也是我国民间常用的一个方法。如果起好了别有一番味道，富有诗意。下面是各个季度的不同叫法。

春：三春、青阳、韶节、苍天、阳节、九春、艳阳、青春等。

夏：三夏、朱明、清夏、炎夏、炎亭、朱夏、朱律、炎节、长赢等。

秋：三秋、素商、凄辰、金秋、九秋、高商、商节、素节、白藏等。

冬：三冬、严节、元冬、九冬、青冬、安宁、冬辰、元序等。

有时二十四节气亦可作为给孩子起名时的依据，兹列于下：

如：立春、雨水、惊蛰、春分、谷雨、立夏、小满、芒种、夏至、小暑、大暑、立秋、处暑、白露、秋分、寒露、霜降、立冬、小雪、大雪、冬至、小寒、大寒。

5. 以出生年起名

我国古代多以干支纪年，十天干和十二他支依次组合六十单位，称六十甲子：

甲子、乙丑、丙寅、丁卯、戊辰、己巳、庚午、辛未、壬申、癸酉、甲戌、乙亥、丙子、丁丑、戊寅、己卯、庚辰、辛巳、壬午、癸未、甲申、乙酉、丙戌、丁亥、戊子、己丑、庚寅、辛卯、壬辰、癸巳、甲午、乙未、丙申、丁酉、戊戌、己亥、庚子、辛丑、壬寅、癸卯、甲辰、乙巳、丙午、丁未、戊申、己酉、庚戌、辛亥、壬子、癸丑、甲寅、乙卯、丙辰、丁巳、戊午、己未、庚申、辛酉、壬戌、癸亥。“六十甲子”轮完后又重新开始，这种纪年法到今天仍使用，如 1992 年，也叫壬申年。一些人的名字叫作庚辰、辛卯等就是根据干支纪年而取的，使别人一望而知其出生年份。

第三章

现代起名的原则

起名是一种学问。怎样起一个含义深刻、耐人寻味、新颖别致、读来响亮、听来悦耳、书写流畅的优秀的名字，并不是一件简单的事情。因此，起名需要掌握一些原则和技巧。

好名字的标准

孔子曰："名不正则言不顺，言不顺则事不成。"又曰："赐子千金，不如教子一艺；教子一艺，不如赐子好名。"可见，名字关乎人的一生，自古以来就被人们所重视。

姓名，是代表个人的符号，是社会交往中不可或缺的工具。一个优秀的名字，不仅带着时代的信息，还有深刻的寓意，同时也是一个人的文化层次、家庭背景的体现，所以一个好名字对一个人来说是十分重要的。那么，什么样的名字是好名字，好名字的特征有哪些呢?

总体来说，一个好名字应具有以下特征：

1. 响亮上口。名字要读起来流畅好听，谐音美好，因为声音含义同样影响人，让人产生条件反射，即易读性。比如我国明代旅行家郑和。

2. 易于书写。人名在形式上要简明，便于记忆，易于传播，从而形成一种良性循环，强化人们记忆。比如，一个人的名字叫“杨鑫懿”，显然笔画繁杂，书写麻烦，而且还容易造成不必要的错误。反之，叫“杨天立”，就简单、好记得多。

3. 内涵丰富。名字是个人独有的社会代号，它除了让人认识你外，还具有强烈的主观色彩，包含着期望、追求、寄托。因此，起名一定要寓意深刻，切忌有粗俗不雅之意。如王任重，“任重”出自《论语·泰伯》“士不可以不弘毅，任重而道远”。任重，责任重大。

4. 新颖别致。不和名人重名、不易重名。创意新颖，真正体现通过名字以区分人的作用，即特有性。比如茅盾。

符合这 4 条标准，您起出来的名字，不仅自己会喜欢，家人会喜欢，孩子长大以后也会喜欢；更重要的是，这样的名字一定能博得他人好感，获得众人欣赏。

总之，好的名字形、音、义俱佳，智趣隽永，令人回味无穷，就好像最精美的艺术品一样，言有尽而意无穷，给人以美的享受。

尽量避免重名

从古至今，人名一直存在着一个突出的问题——重名。据天津市公安局调查表明，天津市叫“张颖”的 1955 年仅 54 人，1977 年增至 197 人，1990 年已达 2100 多人。有资料显示，在北京，仅 1969 年就诞生了 129 个王伟；在上海，1968 年至 1971 年间诞生了 3397 个王伟，其中 1971 年 11 月 21 日就有 33 个王伟降临于世。这些惊人的数字，若不引起人们广泛注意，将成为一个十分尴尬的社会难题。如果大家都同姓同名，人与人之间无法区别，不便交流沟通，肯定会带来不必要的麻烦。

据说某学校有 5 名叫张伟的学生，为了区分清楚，不得不加上附加词：大张伟男、大张伟女、小张伟男、小张伟女，剩下的那位还叫张伟。两个字的名字，变成了不伦不类的四字名，这何苦呢？

1990年12月2日《人民日报》上有一篇文章中写道："公安部门在某街道捉拿叫萧军的犯罪嫌疑人，殊不知此处'萧军'竟有四个，被抓的并非真凶。错抓的萧军正在筹办婚事，其女友一时不辨真相，气急吞下毒液……"无独有偶，随后，新加坡《联合早报》在标题为《大陆单名热，引起麻烦多》的文章中说："大陆某地公安人员按通缉令逮捕叫萧军的杀人犯，谁知同一街道内却有4个萧军，公安人员抓错3人，真凶早就逃之夭夭了，而错抓的萧军正在办婚事，其未婚妻一怒之下服毒自杀，幸而及时抢救，才避免铸成大错。"当今，随着人口增加，重名不断增多，避免重名的要求得到社会广泛关注。

其实，重名现象古已有之，并且早就引起了有识之士的关注。南北朝时就有人著《古今同姓名录》。此后，几乎每个重要朝代都有这类专著问世。民国时期彭作桢著《古今同姓名大辞典》，收入人名5万多，同姓名者竟有1.6万多人。其中，重名指数最高的是王佐，共71人；其次是李芳，共53人；再次是王俊、李英、刘福，都是40人。重名30人以上的，只有王、李、张、刘四姓，共20人。重名最高的前20名，只有一个双字名，其余都是单字名。这几个简单的数字，也显示出重名的规律和原因。

为减少和避免重名，以下四条建议可供起名者参考选择。

1. 起名尽量少用单字名。

单字名中重名可能性要大大高于双字名。按数学排列组合原理，用 10 个姓和 30 个字组合姓名，可组成单字名 300 个，而组成双字名可达 8700 个，后者组成的不重名数是前者的 29 倍。据全国户籍人口调查，使用频率最高的 10 个名字依次为：张伟、王伟、李娜、王芳、李伟、王静、李静、张敏、刘伟、张静。这些姓名男女皆有使用。而“张伟”这个名字竟有超过 30 万人。

2. 起名少用重叠字

有些父母喜欢给孩子起两个字的重叠名字，如乐乐、珊珊、媛媛、苗苗等。首先，虽然名字简单可爱，但弊端是重名太多，有个小学就有四五个叫“玲玲”的；其次，缺乏长远眼光，孩子长大了，到中老年还叫“玲玲”，就显得不伦不类了。

3. 起四字名

重名现象，多是因为起名用字少造成的，如果增加用字数，完全可以避免重名。日本人四字名非常普遍，中国人只要更新观念，四字名是不难推行的。

2000年以来，中国内地的一些思想开放的年轻夫妇，为了强调男女平等，在为新生儿起名时采用“父姓＋母姓＋双名”的格式。这种起名方式使人口普查中四字名大量出现，如张杨舒仪、唐林婉儿、郑赫莲子、马陆辞玉、杨柳娉婷、周袁亚雄、何华德龙等。这种新颖的起名方式可以极大地减少重名现象，同时体现了男女平等的观念。

一般来说，起名用四字结构有以下几种方式：

（1）姓氏字＋3个辅助字。如：李宇萧然、李寒若冰、涂曲诗墨。

（2）父母姓氏组合＋2个辅助字。如：李黄嘉麒（李为父姓，黄为母姓）；李秦羽翎（李为父姓，秦为母姓）。

（3）姓氏字＋1个辅助字＋姓氏字＋1个辅助字。如：朱成林景（朱为父姓，林为母姓）；涂至夏末（涂为父姓，夏为母姓）。

（4）姓氏字＋ 辈谱字＋2个辅助字。如：李瑾瑜炫（李为姓氏，瑾为李氏辈谱字）；孙思哲睿（孙为姓氏，思为孙氏辈谱字）。

（5）姓氏字＋2个辅助字＋ 姓氏字。如：李墨辰夏（李为父姓，夏为母姓）。

4. 少用或不用高频常用字

这是减少或避免重名的有效办法。当前哪些字使用频率最高呢？吴崇曾在《新民晚报》上撰文，列举男女人名用字频度最高，宜避用、少用的字，下面摘引出来供参考。

男：波、涛、明、辉、艾、峰、林、刚、忠、义、仁、德、福、永、世、成、安、宁、子、建、志、军、荣、杰、富、民、昌、康、元、宗、俊、天、良、贵、山、光、海、强、勇、健、文、力、保、和、平。

女：秋、红、占、雪、梅、兰、菊、桂、莲、芹、芝、萍、莉、花、春、云、月、华、彩、霞、雁、娥、燕、凤、芬、淑、美、英、金、银、宝、玉、珍、珠、翠、佩、玲、琴、秀、丽、惠、巧、慧、敏、洁、娟、爱。

总之，避免重名，是起名应遵循的一条基本原则。名字作为自己的独特代号，如果与他人相重，将给自己、社会和他人带来种种麻烦，那就不能称为好名字。父母给子女起名，一定要想到这一点，尽力为孩子起个独具特色、不与他人相重的好名字。

男女起名有别

名字，作为代表人的一种特殊符号，容易给人造成“先入为主”的效应，因而男女名字应该性别分明。

《礼记·昏义》说：“敬慎重正而后亲之，礼之大体，而所以成男女之别，而立夫妇之义也。男女有别，而后夫妇有义。”这里所说的男女有别，是说男女之间在言行和接触中应该注重礼教要求。其实，男女本不同，在诸多方面是需要有所区别的，名字使用自然也是如此。

就男人和女人的身体结构而言，男子魁伟岸然，女子则婀娜柔媚；男子的特点是孔武有力，女性的特点则秀婉温和。对男女起名有别来说，生理结构的根本差异起着决定性的作用。所以，男子起男名，女子起女名，不宜错位。试想，假如一个彪形大汉名叫“王小丽”，那该是何等的滑稽可笑。一个娇弱女子名叫“李钢蛋柱”，那又该是何等的不伦不类。男用女名或女用男名，不仅容易造成误会，有时也会使人产生不良的印象。

男子应有阳刚之美，起名亦要选用富有阳刚之气的字，或是能表现男性气质和特征的字。归结起来，男名常用字如下：

贤、谦、利、善、理、和、文、学、山、石、沙、崖、岩、丘、田、野、原、海、洋、江、章、诗、武、剑、大、广、高、深、远、雄、伟、宏、洪、强、坚、实、明、亮、勇、猛、胜、进、达、飞、升、发、得、成、雷、雨、雪、霖、森、林、木、松、柏、梓、材、竹、斌、军、兵、科、甲、虎、豹、龙、彪、熊、鹏、福、建、立、作、施、治、镇、德、仁、义、礼、智、信、河、溪、流、泽、川、水、泉、日、月、星、辰、风。

女性应有柔美情调，起名亦要选用富有阴柔之意的字，或是能表现女性品质和特征的字。归结起来，女名常用字如下：

巧、娟、娣、嫦、娥、婕、娜、婷、婵、妹、姐、姑、娴、淑、端、庄、贞、慧、静、宁、顺、洁、雅、仪、娘、婉、奴、妞、姗、妮、姬、姣、媚、娇、嫒、妙、美、丽、艳、香、芬、芳、灿、花、兰、芝、菊、莲、秋、凤、燕、鸽、雁、莺、鹃、鸾、凰、锦、绣、绮、金、银、青、红、绿、紫、白、黛、蓝、素、荷、梅、丹、萍、芹、茜、蕙、莉、薇、苗、茹、菲、蔷、薇、英、蓉、菁、芷、桃、杏、苹、桂、莎、柳、棠、宝、珠、玉、珍、琼、瑶、玲、环、钗、钏、莹、翠、彩、碧、月、虹、霞、霓、雯、露、雪、春、夏、裳、丝、爱、怡、梦、梅、晶、琳、瑗、瑛、玫、璇。

其实，可以用作男名、女名的字，远不止上面提到的这些字。从现代起名实践来看，人们对汉字的运用越来越灵活，但无论起名用字如何组合、运用，讲究男女有别则始终是必要的。

起名选字要考虑读音

从音律学来说，响亮上口，流畅好听，协调美好，是作为一个好名字的基本要求。鲁迅也认为“响亮悦耳，易于传播”是起名原则之一。一个人取了名字，首先是被称呼的，其次才是被书写记录的。

我国被用作人名的汉字，在读音上有声、韵、调三个基本要素。由于人名多是两个字或三个字的组合，这就涉及音节之间的相互搭配问题。起名若不注意搭配，就可能变成“绕口令”。如沈既济、孙州仇、夏亚一、金镜清、胡富芬、张昌商、陈云林、吕励芝等。若再加上方言发音，就更让人听不清了。这就要求我们注意起名用字的整体音韵效果，具体来说应该注意以下几个主要问题：

1. 应该尽量避免姓和名的声母和韵母相同。

如：“汪”（wāng）是由“乌”（W）“昂”（ang）所拼写成的，起名时不宜为“汪文旺”（wāng wén wàng），三个字的声母相同，读起来就很拗口。相邻两字的声母尽量避免相同，读起来才上口。同样，韵母也要注意这个问题。例如“张广旺”（韵母都是 ang）这个名字就不太好听。“于玉雨”（韵母都是 ü)，这个名字就不太好叫，也不太好听。

2. 避免姓和名的平仄声相同

名字读起来要响亮、明畅、顺口，所以起名选字不能忽视声调的作用，也就是平仄声不能相同。平仄声是一个音节的拍子，是音波的音高范围内的一种属性。现代汉语不讲平仄，以四声论之。所谓四声是指阳平、阳平、上声、去声。

一般来说，两个字的名字，如果前面的字是上声或去声，后面的字就应该是平声。三个字的名字对语音的要求就更高一点，如果四声安排得不好，读起来就不顺。比如三个字都用上声，如沈海埂，读起来就别扭，好像不能一口气读完似的。三个字都用去声也不好，如宋兆盛，读音不好听，不如叫宋兆年好听，因为年是阳平。如“柳景选”三个字全是上声，读起来很绕口，便不如“柳敬官”好听。

3. 应避免双声、叠韵的出现

双声，即两个字同声母；叠韵，即两个字同韵母。如易翼友、胡鸿华、冉瑞如等名字，意思都不错，但可惜均犯了双声的毛病。又如邓衡声、吴慕甫、叶铁捷等名字，立意都很好，但遗憾的是都触上了叠韵的暗礁。

4. 尽量避免易误解的谐音

起名不要起谐音不雅的名字。有些人的名字，表面上看非常高雅，但由于读起来会与另外一些不雅的词句读音相同或相似，便很容易引起人们的嘲笑和谐谑，成为人们开玩笑的谈资，产生某种喜剧效果。比如有的人用“杨伟”起名，让人联想起“阳萎”；“徐伟”听起来似乎是“虚伪”；“胡莉”变成“狐狸”；“马虎”被戏称“马虎”；“卢辉”被戏称“炉灰”；“史诗”被戏称“死尸”，等等。因而起名时要尽量避免出现这种现象。

总之，起名选字要考虑字音的问题，但并无教条可言，总的原则是上口、好听、响亮，使名字富有音乐感和节奏感。

起名选字要考虑字义

起名是一种文化行为，所以我们在起名时向来十分重视字义和寓意。在习惯上，当人们选定某些字作为名字时，首先考虑的往往是这些字的本身含义，作为名字以后又可以赋予什么含义。其中字义和名字的整体意义，是名字好坏的一个最重要的方面。

所谓名字的字义，包括两个方面：首先，名字的本意，即实实在在的含意。这种含意大多包含着起名者对被起名者的希望、祝愿，也可能包含起名者的个性特征和爱好；其次，名字的字义还包括寓意，即借其他事物以寄托本意。

苏洵、苏轼、苏辙，合称“三苏”，一家父子三人，皆列入“唐宋八大家”，谱写了中国文学史上的佳话。苏洵的大儿子出生时取名苏轼，字子瞻。“轼”，是古代设在车前供人凭倚的横木；“瞻”，眺望。名与字合起来就是，你可以凭轼而观之，登高而望远。苏洵为二儿子取名苏辙，字子由。“辙”，车轮碾过的痕迹；“由”，顺之随之。名与字合起来就是，车轮顺着辙痕，往前走。两个人的名字连起来是说：上车后凭轼而望，定好方向，顺着辙痕，大胆前进。苏洵意在教诲儿子，在漫长的人生路上，要把握好方向，别走错路，要顺着轨道走，谨防翻车。后来，苏轼由于刚正不阿，遇事敢言，而得罪于人，以致仕途坎坷，几次被贬，甚至被捕入狱；苏辙性情温厚，一生仕途平稳。他们兄弟二人的境遇证实了父亲的担忧与预言。

姓名伴随人的一生。可以说，中国人的名字是一种内在美与外在美的结合，除了其社会功能外，还具有深刻的含义。古人说：“名者，实之宾也。”名字如人的衣冠，名字是身份的标志。衣不洁、冠不正则为人所耻笑，因为名字要跟随我们一辈子，一个人的名字体现了一个人的审美情趣。如果用一个粗俗的名字，犹如一个清秀漂亮的人穿着一件肮脏的衣服，那将是终生遗憾的事。例如起名“菜花”“翠姑”“财旺”“大富”“双喜”“富贵”等，很容易让人误解，显得有些粗俗、土里土气。因此，起名用字应尽量避免太俗气的字及字义。

起名时讲究字义，主要是选取寓意吉祥的褒义字。岳飞，字鹏举，意为鹏程万里，远走高飞。他胸怀开阔，壮志山河，再加上其母“精忠报国”的刺字家教，造就了一代抗金英雄的光辉伟业。还有梅兰芳、徐悲鸿、朱自清……每一个名字都与他的志向、品格、际遇等暗合。好的名字如诗如画，余味无穷，如同一部小说，概括了人的一生，使你产生无穷的联想。

起名考虑字义的一个重要的原则是，取名用字的含义要雅致明朗。也就是说，取名用字组合起来能表达深刻而高雅的思想和情感寓意，并且字义通俗易懂，让人一看便知道是什么含义。如：为女孩子取名“秀丽”，从字义上理解，就是希望女孩子长得清秀美丽，将来树立一个端庄稳重的女性形象。为男孩子取名“志坚”，是希望男孩子意志要坚强，做一个有主见、有魄力的人。这些都是雅致明朗的好名字。

起名不仅要注重名的字义，实际上还有一个姓与名在字义上的组合问题。例如："白杨"这个名字就是姓与名在字义上的最佳组合。作为一个姓，"白"这个字并没有什么具体含义，一般是指颜色，但将它与"杨"连在一起，就构成了"洁白杨树"，给人以纯洁、可爱、善良的感觉。

总之，名字不仅是一个符号，还要有深刻的寓意和内涵，我们取名时一定要对其仔细推敲。

起名选字要考虑字形

现实生活中，经常有一些人起名的出发点较好，但所取名字的效果却差强人意。如台湾女歌手苏芮，因为许多人不认识"芮"字，曾被人误读为"苏丙""苏内"，结果造成了"歌红人不红"的现象。一提到她唱的歌，大家都熟悉，但提到她的名字"苏芮"，大家都觉得很陌生。

由此可见，人名作为人际交往的符号，应该是让人一看就明白，提笔就会写的。因此，在起名的时候，一要考虑所取的名字是否便于书写，二要考虑是否便于别人去读。

一般来说，起名选择要考虑字形，这就是要求拟作名字的字的笔画要适当，应尽量避免使用笔画较多、常人不认识的生僻字。而且各个字的笔画数宜相近，偏旁部首则尽量不同。

从书面美观看，名字的笔画不宜多也不宜少。太多的笔画，写起来复杂费事，还易写错。如“翩”字15画，“羸”字17画，都不好写。特别是小孩的名字笔画多了，他很难把自己的姓名写好，会造成一种沉重的负担。而且如果名字太复杂，导致许多人都不认识，就容易在社会交往和工作生活中带来不便。

起名时姓名各字的笔画不一定是相同的，也没有必要相同，但是考虑一下它们笔画数的平衡还是有益的。从视觉角度来看，对笔画较少的姓氏应尽量选取一些笔画较少的名字与之搭配，特别是相邻的字，笔画不宜相差太多，不然造成头重脚轻或两头重中间轻的不和谐现象，使名字看起来别扭、不舒服。例如，丁是一个独体结构的字，笔画少。这就要求与之配合的名字，最好也是笔画比较少的。如：丁小兰，从整体来看，给人的感觉比较匀称、和谐、舒服；丁繁森，就会给人以头小身子重的感觉，不和谐；丁一微，则给人前轻后重的感觉，不和谐。同样道理，燕字笔画较多，与之配合的字最好也是笔画较多的。如：燕紫蕾，比较匀称；燕一乎，就显得头重脚轻；燕紫一，则使人感觉失衡。燕一羸，感觉像是一条扁担挑两只筐，左右平稳，看上去协调。

此外，起名时除了要注意字形笔画多少的搭配外，还要留意字与字之间偏旁总体的搭配，使姓名在整体上显得多样性，充满变化。凡是汉字皆有偏旁部首，有的字单个看偏旁部首没有问题，但所有姓名用字全用一样的偏旁部首，则写出来给人一种单调、呆板的感觉。如全用“木”部首的“林柏材”，全用“氵”部首的“江海洋”，全用“王”部首的“王玉瑛”，全用“亻”部首的“何倍仆”，都不美观。因而我们在起名时要注意姓名用字的偏旁部首，最好不要选用同偏旁或同部首的字。

总之，起名一定要注意字形的搭配，力争写出来好看，写起来方便，不易出错。

第四章

起名的方法

事实上，起名并不是一件很容易的事。要想把名字起好，掌握起名方法才是关键。本章将介绍一些起名的方法，大家可以根据个人的不同爱好、兴趣、文化水平等，借鉴参考。

分解姓氏法

所谓分解姓氏法，就是把姓氏所用的汉字分解开来成为名字的一种方法。这种起名方法，实际上也是一种按照汉字的结构特点来起名的。这种起名法自古以来并不少见。老舍（原名舒庆春）曾以舍予为笔名。类似的姓名如许午言、张长弓、董千里、雷雨田、霍雨佳等名字都是如此。

汉字包含独体字和合体字两大类，姓氏也概莫能外，其中像王、丁、于、马、山等笔画较少而又无法拆分的属于独体字。此外，还有一些复姓也不宜拆开，如长孙、东郭等。合体字姓氏又占姓氏总数的绝大部分，许多字都能被分解开来，成为两个或两个以上汉字。

拆解姓字组成名字的例子屡见不鲜，可以参照许慎的《说文解字》或其他有关拆字的方法。例如下列姓氏就可以这样拆：

明（日月）、计（十言）、晏（日安）、巫（从工）、岑（今山）。

常（巾尚）、闻（门耳）、扈（启巴）、桂（杜土）、强（弓虽）。

伊（人尹）、吕（双口）、厉（万厂）、翦（前羽）。

麻（广林、林广）、庞（广龙、龙广）、贺（加贝、贝加）、夏（百友、友百）。

岳（丘山、山丘）、许（言午、午言）、黄（田共、共田）、佟（人冬、冬人）。

栾（亦木、木亦）、雷（雨田、田雨）、李（子木、木子）、舒（舍予、予舍）。

何（可人、人可）、孙（子系、系子）、柏（木白、白木）、姜（女羊、羊女）。

邵（耳召、召耳）、唐（口庚、庚口）、冀（北异、异北）、吴（口天、天口）。

冯（二马、马二）、陈（耳东、东耳）、苗（草田、田草）、方（点万、万点）。

罗（四夕、夕四）、江（水工、工水）。

周（用口、口用、十同、同十）。

章（音十、十音、立早、早立）。

王（干一、一土、一士、一三、一千、一川、川一）。

拆字看似容易，但真正做起来却有一定难度，并不是每一个合体字姓氏都适合拆开来用。有些字虽然可以拆开，但却搭配不出令人满意的含义。只有在姓氏分解开以后，名字和意思之间达到一种协调的美感，才是真正的好名字。

组合姓氏法

所谓组合姓氏法，就是把那些可以组合在一起的父姓和母姓结合在一起的起名方法。许多姓氏本身很有内涵，只要我们去认真思索发掘，便会使名与姓从字义上直接、生动地联系起来，使之构成一个充满哲理、生动且极具韵味和意境的名字。

例如，一位父亲姓梁，母亲姓陈，于是给孩子起名为“梁陈”；如果父亲姓安，母亲姓康，就可以给孩子起名为“安康”。不过，像这种父母姓氏正好能够搭配的姓氏并不是很多。人们为了体现男女平等的原则，可以想其他办法进行改组。如把后一个姓氏换成一个谐音字，或在两个姓氏中间或后面加上一个其他的字变通一下，这样起名的范围就更大了，并且起出的名字会更加灵活、富有表现力。如父母姓氏相连分别是张文、孙陈、王胡、张任等，如果直接用这两个姓氏为名显然不大好听，如果变通一下，成为张有文、孙沉静、王弘、张任远等，名字就颇有一番诗意了。孩子是父母爱情的结晶，把父亲的姓氏和母亲的姓氏合在一起为孩子起名，被现在只生一个孩子的家庭越来越广泛使用。

此外，还有一种情况是继承一方姓氏，将另一方姓氏拆成或拆出两个字起名。比如另一方姓许、徐、李、陈、张、章、柏、雷、孟、舒、胡、柯、谭、简、魏，则可拆成或拆出下列字做名：言午、从余、子木、尔东、弓长、立早、白木、古月、竹间。如父母姓为许和简，则可起名许竹间；父母姓为赵和李，则可起名为赵子木；父母姓为李和陈，则可起名为李尔东。

汉字有其独特的魅力和千变万化的妙趣，所以在起名实践中，只要围绕汉字的特点认真研究，仔细推敲，一定能起一个理想的名字。

典故起名法

典故是指古代典籍中出现的有意义的故事和来历有出处的词语。用典故起名是我国人民的文化传统之一，有很深的文化内涵。

以典故取出的名字，深邃典雅，新颖脱俗，含蓄隽永，意味深长。如唐代诗人孟浩然，取《孟子》“我善养吾浩然之气”一句字义。现代教育家杭苇，原名杭锡奎，上学时校长根据古诗《河广》中“谁谓河广？一苇杭之”的诗句给他取名杭苇，字一之。作家东方既白，东方是复姓，名字出于苏轼《前赤壁赋》中“不知东方之既白”。既是用典之名，又是连姓成义之名。

用典故起名，不但是对优秀传统文化吸收、发扬的表现，更是自己有一定的文化涵养的表现。因此，用典故起名法是很常见的。

1. 用古代诗文中的典故

中国诗文汗牛充栋，卷帙浩繁，加上名人名家极多，名句名诗更是不可胜数，这就为我们起名用典提供了太多的选择余地。以古代诗文中的典故起名的例子很多。如：

王朝闻，著名美学家。“朝闻”出自《论语》“朝闻道，夕死可矣”。

马三立，著名相声演员。“三立”语出《左传·襄公二十四年》：“大上有立德，其次有立功，其次有立言，虽久不废，此之谓不朽。”

冰心，现代著名作家。“冰心”出自唐代王昌龄诗名句“一片冰心在玉壶”。

莫砺锋，“砺锋”出自《警世贤文·勤奋篇》诗句“宝剑锋从磨砺出”。

纪鹏飞，“鹏飞”引用《李白·上李邕》“大鹏一日同风起，扶摇直上九万里”。

陈三省，“三省”语出《论语·学齐》“吾日三省吾身”。

于省吾，“省吾”出自《论语·学齐》“吾日三省吾身”。

徐竹心，“竹心”出自郑板桥诗句。“徐”与“虚”谐音，徐竹心即虚竹心。

方致尧，宋代人。“致尧”出自杜甫诗句“致君尧舜上”。

斐冲天，“冲天”出自《韩非子·喻老》“虽无飞，飞必冲天；虽无鸣，鸣必惊人”。

李宗仁，字德邻，取自《论语》“里仁为美”“德不孤，必有邻”。

潘岳，字安仁，取自“仁者乐山”，以岳代山。

马千里，又名马良骥，四川书法家。语出唐代韩愈《杂说·马说》“世有伯乐，然后有千里马”。

易家言，“家言”出自《史记太史公自序》：“凡百三十篇，五十二万六千五百字，为太史公书。序略，以拾遗补阙，成一家之言。”

萧春晖，“春晖”出自唐代孟郊《游子吟》：“谁言寸草心，报得三春晖。”

李如人，“如人”出自“君子之亲温如人”。

2. 利用古代人名、地名中的典故

利用古代名人起名，主要是为了表示自己要步其后，表白思慕之心，以之为楷模。以地名起名，或表示自己出生于此，或为了纪念自己与此地有关的事情。如：

刘子舆，字希孟。这是仰慕孟子的表白。

罗蒙正，字希吕。希望能成为吕蒙正（宋代宰相）那样的人。

林大春，明代人，字井丹。因汉代有先贤井丹，字大春，他便以名为字，以字为名。

王逢年，明代人，号小王右军。因大书法家王羲之称为王右军。

陆绍裘，清代人，号小放翁。宋代诗人陆游号放翁。他自号小放翁，表白希望成为陆放翁第二的愿望。

丁思孔，以“思孔”为名，是为了表示自己要潜心学习儒学，追求圣人之道。

陈去病，以去病为名，取健康意，同时以“霍去病”的“去病”为名，表示自己愿忠于国家，学习霍去病，为国捐躯。

符确坚，以“确坚”为名，表明自己意志坚强，同时取“苻坚”的“坚”，取名甚妙。

张仲谋，以孙权的字“仲谋”取名，一是表示自己聪明，二是表示自己愿向孙权学习。辛弃疾有词句：“生子当如孙仲谋。”

汤易水，“易水”在今河北，古代燕国多出壮士，以“易水”为名，表明自己的豪迈气概。荆轲入秦行刺秦王，来到易水边，其友高渐离作歌送别：“风萧萧兮易水寒，壮士一去兮不复还。”

有时用典故不直接引用，而稍用点化，则更有意味。如著名学者钱大昕，字晓征，是以《礼记·文王世子》中“天子视学，大昕鼓徵，所以警众也”为蓝本，但改“鼓”为“晓”，即照应了名中的“昕”字，又避免了过分板直。

典故是我国古代文化宝库中的璀璨明珠，利用典故起名的方法，具有强大的生命力和艺术魅力。随着民族文化水平的不断提高，这种起名方法越来越为人们所接受。

诗文起名法

中华民族拥有悠久的历史文化，历史上留传下来的杰出优美的诗词文章，简洁精博或含义深刻的成语典故等更是我们民族文化的瑰宝。以诗文起名，既体现了我们传统民族文化的精粹，又立意新颖，语意奇幻，可使人名含义深刻，韵味悠长，而且不易重名。

从古至今，《诗经》《论语》《史记》，唐诗宋词等不仅教育、影响着一代又一代的学子，而且还给我们带来不少佳名，用诗文起名在文化界已经成为一种风尚。例如，唐代茶圣陆羽，字鸿渐，其名字出于《易经·渐卦》：“鸿渐于陆，其羽可用为仪，吉。”

不仅优秀诗词中蕴有佳词，引人深思，古文谚语中摘字起名更是寓意深刻。如欲表豪情壮志，可取壮飞（李白诗：“俱怀逸兴壮思飞，欲上青天揽明月”）、白羽（卢纶诗：“平明寻白羽，没在石棱中”）、志丹、留丹（文天祥诗：“人生自古谁无死，留取丹心照汗青”）等；欲求超脱高雅，可取乔木（《诗经·小雅·伐木》：“出自幽谷，迁于乔木”）、帆影（李白诗：“孤帆远影碧空尽，唯见长江天际流”）等；欲明亲情友谊，可用春晖（孟郊诗：“谁言寸草心，报得三春晖”）、秋鸿（苏轼诗：“人似秋鸿来有信”），等等。

用诗文起名法需要有较深的古典文学功底，因而随着我国人民文化水平逐渐提高，诗文起名法越来越受欢迎，以下是名字词语，以供欣赏及参考。

1. 古文摘选法

无极（《礼记·大学》“君子无所不用其极”）。

知本（《礼记·大学》“此谓知本，此谓知之至也”）。

时中（《中庸》“君子之中庸也，君子而时中”）。

可均（《中庸》“天下国家可均也”）。

诚明、明诚（《中庸》“自诚明，谓之性；自明诚，谓之教”）。

至性（《中庸》“惟天下至诚，为能尽其性”）。

自成、自道（《中庸》“诚者自成也，而道自道也”）。

盈克（《曹刿论战》“彼竭我盈，故克之”）。

民川（《国语》“防民之口，甚于防川”）。

儒家经典《论语》《孟子》中有许多句子都可选用起名。如：习之（《论语》“学而时习之，不亦说乎”）、慎远（“慎终追远，民德归厚矣”）、如愚（“吾与回言终日，不违，如愚”）、学思（“学而不思则罔，思而不学则殆”）、无争（“君子无所争，必也谢乎”）、郁文（“郁郁乎文哉，吾从周”）、尽美（“尽美矣，又尽善也”）、无适（“君子之于天下也，无适也，无莫也，义之与比”）、思齐（“见贤思齐焉”）、德邻（“德不孤，必有邻”）、三思（“季文子三思而后行”）、凤至（“凤鸟不至，河不出图，吾已矣夫”）、博文（“夫子循循然善诱人，博我以文，约我以礼”）、如斯（“逝者如斯夫”）、秀实（“秀而不实者有矣夫”）、正行（“其身正，不令而行”）、和同（“君子和而不同，小人同而不和”）、弘道（“人能弘道，非道弘人”）、九思、思明、思聪、思义（“君子有九思：视思明，听思聪，色思温，貌思恭，言思忠，事思敬，疑思问，忿思难，见得思义”）、可继（《孟子》“君子创业垂统，为可继也”）、天时（“天时不如地利，地利不如人和”）、浩然、养浩（“我善养吾浩然之气”）。

其他古代典籍中也有许多词句可用来起名。如：

高博（荀子《劝学》“不如登高之博见也”）。

玉润（荀子《劝学》“玉在山而草木润，渊生珠而崖不枯”）。

其明、其光（荀子《劝学》“天见其明，地见其光，君子贵其全也”）。

若云（庄子《逍遥游》“其翼若垂天之云”）。

无涯（庄子《养生主》“吾生也有涯，而知也无涯”）。

非止（庄子《秋水》“非梧桐不止”）。

溥至（宋玉《风赋》“溥畅而至”）。

昆玉（李斯《谏逐客书》“今陛下致昆山之玉”）。

蔓苓（枚乘《七发》“蔓草芳苓”。“苓”为古“莲”字）。

振宇（贾谊《过秦论》“振长策而御宇内”）。

华野（王璨《登楼赋》“华实敝野”）。

良实、志纯（诸葛亮《出师表》“此皆良实，志虑忠纯”）。

怀文（曹丕《与吴质书》“而伟长独怀文抱质”）。

鹰扬（曹植《与杨德祖书》“孔璋鹰扬于河朔”）。

济性（嵇康《与山巨源绝交书》“夫人之相知，贵识其天性，因而济之”）。

修竹（王羲之《兰亭集序》“此地有崇山峻岭，茂林修竹”）。

舒啸（陶渊明《归去来兮辞》“登东皋以舒啸，临清流而赋诗”）。

独影（江淹《别赋》“织锦曲兮泣已尽，回文诗兮影独伤”）。

方知（孔稚圭《北山移文》“干青云而直上，吾方知之矣”）。

兰谷（萧统《陶渊明集序》“兰之生谷，虽无人而犹芳”）。

道微（刘勰《文心雕龙·原道》“道心惟微，神理设教”）。

华鹤（庾信《哀江南赋序》“华亭鹤唳，岂河桥之可闻”）。

思慎（魏征《谏太宗十思疏》“忧懈怠，则思慎始而敬终”）。

星驰（王勃《滕王阁诗序》“雄州雾列，俊彩星驰”）。

飞羽（李白《春夜宴请从弟桃李园序》“开琼筵以坐花，飞羽觞而醉月”）。

成思（韩愈《进学解》“行成于思，毁于随”）。

德馨（刘禹锡《陋室铭》“斯是陋室，惟吾德馨”）。

卧波（杜牧《阿房宫赋》“长桥卧波，未云何龙”）。

汀兰（范仲淹《岳阳楼记》“岸芷汀兰，郁郁青青”）。

自广（苏辙《上枢密韩太尉书》“无高山大野可登览以自广”）。

逸群（《三国志》“犹未及之绝伦逸群也”）。

深秀（欧阳修《醉翁亭记》“望之蔚然而深秀者，琅琊也”）。

名实（王安石《答司马谏议书》“盖儒者所争，尤在于名实，名实已明，而天下之理得矣”）。

遗世（苏轼《前赤壁赋》“飘飘乎如遗世独立，羽化而登仙”）。

质直（元好问《送泰中诸人引》“人质直而尚义”）。

知味（钟嗣成《录鬼簿序》“别与知味者道”）。

硕师（宋濂《送东阳马生序》“又患无硕师名人与游”）。

相生（李赞《杂说》“首尾相应，虚实相生”）。

花晨（袁宏道《虎丘记》“凡月之秋，花之晨，雪之夕，游人往来，纷错如织，而中秋为尤胜”）。

2、诗词摘选法

思远（《诗经·国风·载驰》“视尔不臧，我思不远”）。

清扬（《诗经·国风·野有蔓草》“有美一人，婉如清扬”）。

明哲（《诗经·大雅·烝民》“既明且哲，以保其身”）。

素荣（屈原《橘颂》“绿叶素荣，纷其可喜兮”）。

飞扬（刘邦《大风歌》“大风起兮云飞扬”）。

养怡（曹操《龟虽寿》“养怡之福，可得永年”）。

南翔（曹丕《燕歌行》“群燕辞归鹄南翔”）。

雄杰（阮籍《咏怀》“岂若雄杰士，功名从此大”）。

飞鸿（谢灵运《登池上楼》“潜虬媚幽姿，飞鸿响远音”）。

葳蕤（张九龄《感遇》“兰叶春葳蕤，桂华秋皎洁”）。

采薇（王维《关綦毋潜落第还乡》“不得顾采薇”）。

清秋（孟浩然《秋登万山寄张五》“兴是清秋发”）。

芳原（韦应物《东郊》“微雨霭芳原”）。

舒波（韩愈《八月十五日夜赠张功曹》“清风吹空月舒波”）。

锦茵（杜甫《丽人行》“当轩下马人锦茵”）。

予心（骆宾王《在狱咏蝉》“无人信高洁，谁为表予心”）。

磬音（常建《题破山寺后禅院》“万籁此俱寂，但余钟磬音”）。

玉珂（杜甫《春宿左省》“不寝听金钥，因风想玉珂”）。

笠翁（柳宗元《江雪》“孤舟蓑笠翁，独钓寒江雪”）。

荷风（孟浩然《夏日南亭怀辛大》“荷风送香气，竹露滴清响”）。

秋岚（岑参《水亭送华阴王少府还县》“新雨带秋岚”）。

白涛（李白《送友人寻越中山水》“涛白雪山来”）。

海云（李白《关山月》“明月出天山苍茫云海间”）。

逐流（李白《江夏行》“心逐江水流”）。

远帆（李白《黄鹤楼送孟浩然之广陵》“孤帆远影碧空尽”）。

净娟（杜甫《咏竹》“雨洗娟娟净”）。

世才（杜甫《狄明府》“时危始识不世才”）。

一羽（杜甫《咏怀古迹》“万古云霄一羽毛”）。

虚竹（白居易《池上竹》“竹解心虚即我师”）。

占春（温庭筠《太子西池》“柳占三春色”）。

别韵（崔道融《梅花》“香中别有韵”）。

弄影（张先《天仙子》“沙上并禽池上暝，云破月来花弄影”）。

念远（晏殊《浣溪沙》“满目山河空念远，落花风雨更伤春”）。

双燕（欧阳修《采桑子》“双燕归来细雨中”）。

梅妆（欧阳修《诉衷情》“呵手试梅妆”）。

平林（欧阳修《蝶恋花》“平林新月人归后”）。

兰舟、晓风（柳永《雨霖铃》“留恋处，兰舟催发”。“杨柳岸，晓风残月”）。

疏桐（苏轼《卜算子》“缺月挂疏桐，漏断人初静”）。

余生（苏轼《临江仙》“小舟从此逝，江海寄余生”）。

素娥（晁端礼《绿头鸭》“莹无尘，素娥澹伫”）。

韶光（李元膺《洞仙歌》“韶光共追游”）。

清野（周邦彦《夜飞鹊》 “迢递路回清野，人语渐无闻”）。

凌波（周邦彦《瑞鹤仙》“凌波步弱”）。

兰芷（周邦彦《感皇恩》“兰芷满汀洲”）。

静江（江藻《点绛唇》“夜寒江静山衔斗”）。

壮怀（岳飞《满江红》“仰天长啸，壮怀激烈”）。

劲风、干羽（张孝祥《六州歌头》“征尘暗，霜风劲”“干羽方怀远”）。

玉鉴、素月（张孝祥《念奴娇》“玉鉴琼田三万顷，着我扁舟一叶”“素月分辉，明河共影”）。

芳菲（陈亮《水龙吟》“恨芳菲世界，游人未赏，都付与莺和燕”）。

如虎（辛弃疾《永遇乐》“想当年，金戈铁马，气吞万里如虎”）。

东流（辛弃疾《菩萨蛮》“青山遮不住，毕竟东流去”）。

冷香（姜夔《念奴娇》“嫣然摇动，冷香飞上诗句”）。

兰心（史达祖《东风第一枝》“巧沁兰心”）。

枫桥（吴文英《惜黄花慢》“正试霜夜冷，枫落长桥”）。

霜华（蒋捷《瑞鹤仙》“霜华似织”）。

玉关（张炎《解连环》“暮雨相呼，怕蓦地，玉关重见”）。

如海（朱弁《春阳》“诗穷莫写愁如海”）。

香凝（吴文英《风入松》“有当时，纤手香凝”）。

雨萍（文天祥《过零丁洋》“山河破碎风飘絮，身世浮沉雨打萍”）。

以诗文起名，内涵丰富，寓意深刻而又委婉含蓄。它需要有较高的文化修养，需要有一定的古典文学功底，因而，它是一种很好的起名方法。

自然事物起名法

自然界万物皆有其名。在我国，汉字有优美的形体和丰富的寓意，各种生物、动物和自然景观等都有一个优美动听的名称，而且，历代风俗中还有以物比人的习惯，这些无疑为我们给孩子起名提供了极为丰富的素材。

1. 以名山大川为名

中国幅员辽阔，名山大川不可胜数，自然风景美不胜收，文化底蕴十分丰厚。人们经常用山水景观名称起名，借名字来寄托自己的情感和志趣。如：洪湖、南岭、昆仑、长江、黄河、东海、南海、北海、黄海等。

用山川给孩子起名。如：姚崇山、黄碧山、谢春山、王秋山等。

用河流给孩子起名。如：秦大河、常河、黄河浪、范长江等。

用湖泊海洋给孩子起名。如：王秋湖、丁镜湖、李晨湖、吴春湖、张清池、张玉池、葛碧潭、方春潭等。

用田、原、谷、路给孩子起名。如：李平原、高原、黄山原、占原、林雪原、方原、吴秋野、金林、田园、麦香、谷川、邱泽、高路等。

2. 以珍禽异兽起名

我国历来有用动物的名称作为人名的习惯。有些动物与人们的生活有密切关系，不仅常被用来做人名，而且还被赋予了较好的含义。如：把鸳鸯作为爱情的化身，把喜鹊作为吉祥的象征，把虎豹作为勇敢的标志等。如：宋巨鹏、高麒等。用这些吉祥鸟兽的名称做名字，也能取出好名字。

以下是一些经常用于人名的鸟类名称：凤、燕、鸥、鹃、莺、鹰、鹏、雁、鹤、鸿、鹄、鹅、雀、眉、鸽、鹊、鸪、鹭、鸳、鸢等。常用名如：张海鸥、秦白鸥、杨逸鸥、秦瘦鸥、范晓莺、李莺鸣、徐莺秋、刘鹰林、张陪鹰、唐鹰萧、唐渊鸳、李河鸳、刘鸳泽、刘云鸽、张祥鸽、郑百鸽等。

以下是一些经常用于人名的兽类名称：虎、豹、貂、貔、驵、驹、骁、骊、骏、骐、骢、骥、骧、狮、彪、骛、驽、熊、鹿等。常用名如：王虎、郭象、韩驹、聂豹、任熊等。

以下是一些经常用于人名的虫鱼类名称：鱼、鲂、蚰、鲍、鲛、鲜、鲲、鳐、蚁、蚌、蚬、蛰、蚶、蛙、蛾、蜂、蝉等。

3. 以自然现象来起名

大自然神秘莫测，气象万千，风云雷电、霜雪雨露瞬息万变。这些千变万化的自然现象人们极为熟悉，而且经常用其起名。如：白玉霜、林霜洁、徐玉冰、顾寒冰、何香凝、张雪凝、许晴雯、叶倩雯、高云飘、邵飘萍、陈霭芳、吴飙尘等。

与风云彩霞等自然现象相关的，且常用于人名的词语主要有：霞蔚、清风、和风、徐风、海风、寒风、惠风、彩虹、红霞、彩霞、朝霞、晚霞、青天、云天、天青、紫烟、清露、雨露、小雪、瑞雪、雨雾、雪晴、秋霜、霜月、白露、玉露、寒露、飞雪、雪花、雪松、雪峰、雪梅、玉冰、寒冰、冰雪、彤云、碧云、彩云、青云、秋云、冬云、云飞、云海、云山、云水、云霞、云兴、春风、春雨、春云、春景、春光、春华、春晖等。

4. 以日月星辰为名

用天地宇宙、日月星辰等名称起名，往往象征崇高、广大、高远、光明、炽热和一定程度的威严，能表明宏大的理想与抱负，体现强烈的希望和寄托。如：张宇、周星驰、孙天苍、李银河、赵明星、盛地、周海星、黄金星、韩日新、孙星斗等。

与日月星辰相关且常用于人名的词语有：皓月、明月、秋月、新月、江月、海月、山月、林月、星月、水月、月华、月明、月亮、月辉、月晕、群星、明星、晨星、寒星、卫星、慧星、红星、星云、星辰、星光、星空、星星、朝阳、旭日、阳光、日华、日新、晨辉、晨光、春阳、冬阳、东辉、光辉、金辉等。

5. 以色彩起名

人们对色彩的喜爱也常常表现在对自己或子女的起名上。赤、橙、黄、绿、青、蓝、紫、白、黑、乌、苍、朱、红、灰、绛、素、粉、翠、金、黛、银、丹、彩、秀、艳、美、倩、丽等色彩与艳美之字也常常进入名字中。有名的如：杨朱、李白、梁红玉、赵青、萧红、于蓝、叶紫、周贻白、刘大白、陈白尘、曾虚白。

其他可以用于名字的表色彩艳丽的字有：彩、艳、秀、美、丽、倩、青、翠、素、紫、月、云、霓、雯、露、雪、霞、冰、霜等。名字有：彩纨、曼艳、新秀、美黛、多丽、碧倩、玉青、素心、绿荷、紫绡、黄绮、抱月、彩云、丽霞、白露、绛雪、春霞、冰心、菊霜。

美词起名法

所谓美词起名法，是指运用美好的词语起名的方法。在选择人名字词时，那些表示美好意义的字词理所当然在首先考虑之列。汉语中表美好意义的字词很多，一般都可以入名。下面就对这些常用人名美词分类介绍一下。

1. 虚词美词

虚词本身虽无实际意义，但入名后却可以对名字在形式上做调节，使其具有变化之美，读起来也可以抑扬顿挫。

虚词美词有：以、斯、也、哉、之、然等。

以“以”入名。如：黎以常、周以言、邵以先。

以“斯”入名。如：王百斯、李斯和、杨斯如。

以“也”入名。如：孙久也、许也纳。

以“哉”入名。如：孟伟哉、刘承哉、顾良哉。

以“之”入名。如：黄会之、王献之、陈勉之。

以“然”入名。如：焦孝然、赵伯然、杨思然。

2. 称谓美词

己、予、吾均为第一人称，与“我”字同义。以“己”入名，如：李正己、宋无己、殷克己；以“予”入名，如：范启予、龚开予、钱圣予；以“吾”入名，如：毛新吾、孙虚吾、俞玉吾。

臣，古时官吏对皇帝的自称，也有“我”义。以“臣”入名，如：裴敬臣、田德臣、史良臣。

“我”字也可直接入名。如：王我（谐忘我）、范我素（取“我行我素”义）、宋我成。

汝，第二人称，意为“你”。以“汝”入名，如：华玉汝、冯汝言、宗汝霖。

友，第三人称。以“友”入名，如：范友梅、杨友松、孙友竹。

卿，古时君称臣为卿，夫妻或好友之间的爱称也是卿。以“卿”入名，如：任少卿、司马长卿、盖巨卿。

君，兄弟朋友之间的敬称。以“君”入名，如：谭君山、朱君理、段君谋。

侯，泛指达官贵人，敬词。以“侯”入名，如：杜伯侯、张君侯、郭明侯。

宾，客也。以“宾”入名，如：李延宾、张庆宾、辛世宾。

伯，在兄弟排行中代表老大。以“伯”入名，如：陈立伯、林伯渠、张伯义。

仲，在兄弟排行中代表老二。以“仲”入名，如：张仲景、范仲淹。

公，第一等爵位，又为对上年纪者的尊称。以“公”入名，如：黄公略、王公明、周公瑾。

郎，少年男子之美称。以“郎”入名，如：王大郎、刘君郎。

叔，在兄弟排行中代表老三。以“叔”入名，如：陈叔同、王叔文。

3. 形容美词

孔，大也。以“孔”入名，如：周孔和、廖孔璋。

大或太，古代大与太通用。以“太”入名，如：王大和、温太真、韩经太。

伟，高大、壮美。以“伟”入名，如：徐伟、华伟台、李伟南。

威，有尊严、有气概。以“威”入名，如：杨威方、赵威豪、李古威。

茂，盛、美。以“茂”入名，如：张玉茂、董茂安、李茂曾、黄茂、李祖茂、陈振茂。

曼，美也。《汉书》中有“郑女曼姬”，因此“曼”字多用于女性名。如：赵一曼、王曼殊。

永，长久。以“永”入名，如：王永元、李永刚、袁永宁、陈永贵。

初，开始。以“初”入名，如：杨本初、陆智初。

4. 身份美词

士，旧为四民之道，又可作对人的美称，读书人又泛称为士。以“士”入名，如：庞士元、陆士龙、邓士载。

子，特指有学问的男人，美称。以“子”入名，如：刘子义、华子良、杨子荣。

民，即老百姓，此为谦逊的美词。以“民”入名，如：周山民、徐逸民。

彦，士的美称、美士为彦。以“彦”入名，如：王彦方、曹彦黄、贺彦先、朱彦、黄文彦。

倩，古代为士的美称。因倩有美丽义，所以后世多被女性起名所用。以“倩”入名，如：高玉倩、王倩茹、李倩云。

元，开始，又有大义。以“元”入名，如：杨文元、陈元茂、高元才。

5. 德行美词

道，道德、道理。以“道”入名，如：张道良、黎道元、尹道真。

德，道德、品行好。以“德”入名，如：杨祖德、张翼德、林德、朱德、刘培德、李德伦。

义，正义、合于情理。以“义”入名，如：杨义山、申义举、皇甫义真、刘重义。

惠，仁爱。以“惠”入名，如：张惠妹、邱钟惠、吴文惠、麦惠、李惠群。

孝，孝顺、古时此词有好义。以“孝”入名，如：蒋孝先、高孝然、王孝纯。

恭，恭敬顺从。以“恭”入名，如：史文恭、周恭远。

敬，尊敬、敬仰。以“敬”入名，如：丁敬礼、蔡敬达、孙敬先、孙敬修、张敬德。

文，意义与武相对。《论语》：“行有余力，则以学文。”以“文”入名，如：张文远、舒绣文、魏文长、廖学文、李博文、何文有。

正，纯正。以“正”入名，如：刘文正、张中正。

允，公平、适当。以“允”入名，如：曾允南、王允诚、张允原。

思，思念。以“思”入名，如：程思远、张学思。

宣，公开、宣扬。以“宣”入名，如：王文宣、谢宣明、范宣伟。

方，正直。《校人欺子产》：“君子可欺以其方。”以“方”入名，如：陈元方、李严方。

逸，超过一般。以“逸”入名，如：张云逸、谢希逸、陈汝逸。

5. 行为美词

奉，献给。以“奉”入名，如：吕奉先、袁奉高。

承，承接、承继。以“承”入名，如：丁承先、王承宗、潘承明。

继，承继、继续。以“继”入名，如：孙继先、王继业、戚继光、陈继文。

成，成为、成功。以“成”入名，如：郑成功、王成名、李成学。

谐音起名法

所谓谐音起名法，是指利用与吉祥词汇或有意义词汇相近读音相似的起名方法。运用这种方法起名，看似偶然巧合，实则别具匠心，让人读来颇有趣味。例如“庞博”这个名字，除了广识博学的意思，还有和“磅礴”一词同音，取其气势宏大的意思。

谐音兴义起名的途径主要有两种：

1. 姓氏的谐音

即姓氏谐其他字的音，而名不变。如：朱（珠）满庭，宋（颂）太平、姚（遥）远途，谭（谈）天地，艾（爱）农、龚（共）休戚、何（河）思海、薛（雪）中晴、吴（无）畏、彭

（鹏）飞、李（礼）貌、刘（浏）览、于（鱼）跃、魏（为）何、傅（富）源、归（瑰）玮、杭（航）天、凌（灵）光、闻（文）雅、石（识）古今、靳（近）秋河、邓（登）九峰等。

2. 名的谐音

即姓氏不变，而名谐其他字的音。如：史敬敏（民）、李公朴（仆）、甘田（甜）、时羽（雨）、盛弋（意）、乔牧（木）、殷琴（勤）、方垣（圆）、林焘（涛）、丘翎（陵）、师成（承）、马辛（新）衣、冷珊（杉）、迟盾（钝）、从蓉（容）、史有征（证）、初路（露）锋、席尚（上）珍、高其歆（心）。

运用谐音法要注意以下两点：

一是避免不雅谐音。选用谐音字应周密考虑，不能丑化姓名，或带来消极、不雅的意义。如鲁迅小时候字“豫山”，但绍兴话“豫山”二字与“雨伞”同音，鲁迅上学时同学们老笑称他“雨伞”。他听了不高兴，请祖父改字，将山字去掉，遂改为“豫才”。又如：“商海”一名，从字面上看并无大错，是表明商业发达、繁荣如海之意，但叫起来容易误听为“伤害”。类似的还有刘放（流放）、宋忠（送终）、魏阳（喂羊）、朱石（猪屎）、博才（破财）、王国钧（亡国君）、韦君智（伪君子）、杜子达（肚子大）、吕二（驴二）、牛威（牛尾）等，所以我们在运用谐音兴义起名时，一定要反复推敲，杜绝负面效果的产生。

二是要掌握谐音兴义的规律。即什么情况下采用本义，什么情况下采用谐音转化语义。一个字的谐音转化意义往往不止一个，那么，区分和选择的关键是进行“语境”的分析，即弄清语言环境，梳理词语之间的关系。比如“向仲华”这个名字，前面的姓表示心理动向，后面的“华”字表示国家和民族。在这样的语言环境下，“仲”字显然是中字的替身，所用的就是谐音转化法，“向仲华”表示一颗赤心永向中华。

总之，运用以谐音起名法，需要有一定的文字水平，音、义搭配协调，方能使名字相映生辉。

成语起名法

成语是中国传统文化的一大特色，有固定的结构形式和固定的说法，表示一定的意义。用成语起名比较常见，而且取出的名字具有观赏价值、实用价值和审美价值，耐品味，且朗朗上口，含义深远，给人以美的享受。

1. 直接从成语中抽取相连的两字或三字为名

如：龙在天选用“飞龙在天”中后两个字而成其名。又如郑鹏程、郑万里两个名字分别取成语“鹏程万里”中两个字为名。

如果成语中的第一、二、三字正好是某人的姓，在这种情况下，用相连的两三个字起名，就会显得巧妙生动，耐人寻味。如：马行空，利用成语“天马行空”而为名，表明自己无拘无束的个性。又如：叶知秋，利用成语“一叶知秋”为名。

2. 从成语中抽取两三个主要字为名

这里的主要字指的是成语中起主要作用、表达主要意义的两三个字，而这几个字结合起来，就能表达出成语的意义。这样起名的例子较多。如：

石惊天（石破天惊）、周义山（义重如山）、易了然（一目了然）。

任卓群（卓越超群）、谢质彬（文质彬彬）、方可畏（后生可畏）。

黄火青（炉火纯青）、谢璧瑕（白璧无瑕）、江不凡（不同凡响）。

梁冲霄（直冲云霄）、冯正君（正人君子）、刘海粟（沧海一粟）。

方未然（防患于未然）。

3. 根据成语谐音起名

这种方法即是采用以上两种方式，根据需要用谐音字替换成语中的原字。如：吴与伦，即“无与伦比”；钟志诚，即“众志成城”；沈力行，即“身体力行”；冯甘雨，即“久逢甘雨”；辛花放，即“心花怒放”；任柏年，即“十年树木，百年树人”等。

类似的人名还有马道成（马到成功）、穆成舟（木已成舟）、纪犹新（记忆犹新）、郑清源（正本清源）、冀开来（继往开来）、邢成思（行成于思）等。

4. 间接用成语起名

这种起名方法，不直接从成语中抽取字词，而是用别的文字来表达成语意义，却又起到传达原有意义的作用。例如，何通海，化用成语“百川通海”。“何”与“河”谐音；河就是川，通海就是归海。又如，陈人鹤，它化用成语“鹤立鸡群”。人鹤，比喻人如鹤，表示自己的高洁超凡。

采用成语起名法应注意两点：一是成语的表达要醒目、准确，让人一目了然，不能发生歧义或误解；二是选择的成语要大众化，要让人读懂、理解，要有积极意义。

修辞起名法

所谓修辞起名法，就是利用比喻、象征、引用等修辞方式起名。修辞方法运用得恰当，往往会使名字增辉不少。

如王长寿、李高耸，这两个名字的字义过于直接，太通俗。如果分别采用象征和比喻的修辞方法，将名字改为王松龄和李云峰，则不但实现了表达健康和优秀之意的目的，而且也使名字含蓄、生动，耐人寻味。

以下就介绍三种起名时常用的修辞方法。

1. 比喻

比喻是一种常用的修辞手法，用跟甲事物有相似之处的乙事物来描写或说明甲事物，是修辞学的辞格之一，也叫“譬喻”“打比方”。用在人名中，就是用与人的相貌、品德有共同点的事物来比拟取名者。

比如把漂亮的姑娘比做美玉，起名为琼宇、琼瑶，美琪、琦嘉等。运用比喻法可使直白、显露的名字变得含蓄、生动，富有艺术气息，而且也包含了更多的含义。

比喻又分为明喻、暗喻和借喻三种形式。明喻的格式是

“本体＋像（如）＋喻体”，具体人名如颜如玉、李如兰、王如虎、江如龙、杨如月、白如雪、丁如松；暗喻的格式是“本体＋是＋喻体”；借喻不出现本体和比喻词，直接拿用作比喻的事物当名字。

比喻的三种形式中，用借喻的形式起名最为常见，如李小虎、张大龙、王玉兰、崔莲花、赵红梅等。

2. 引用

引用是指援引别人说的话或书中现成的话，以表达自己思想感情的修辞方法。引用的内容可以是一段话，也可以是一句话或一个词组。诗文、成语典故起名法都属于引用。

引用主要有整体引用、拆分引用和灵活引用三种方式。

整体引用是指完整地引用诗文中的一个词。如清代画家、扬州八怪之一的郑板桥，原名郑燮，后根据唐代诗人刘禹锡的《杨柳枝》诗：“清江一曲柳千条，二十年前旧板桥。曾与美人桥上别，恨无消息到今朝。”从而改名“板桥”，借其讽刺当时的世态炎凉。

拆分引用是指从某一诗文的两句话或两个词中各取一字，凑成一个名字。如著名作家姚泊宁，原名成迅，后受三国时期诸葛亮《出师表》中名句“淡泊以明志，宁静以致远”启发，改名为“泊宁”，体现了他冷静的进取心境。

灵活引用不拘泥于诗文原来的词句，将原文的意义浓缩成两字词语，构成一个名字。如著名儿童教育家孙敬修的名字取自《礼记·学记》："敬孙务时敏，厥修乃来。"其意思是只有勤奋专一，学问才有长进。

3. 象征

借用某种具体形象的事物暗示特定的人物或事理，以表达真挚的感情和深刻的寓意，这种以物征事的艺术表现手法叫象征。比如红色象征热烈，白色象征纯洁等。人名也常用象征的方法。

比如，人们经常用各种玉器或佩玉来象征富贵。因为在古代，玉总是和王侯将相联系在一起的，如玺是帝王权力的象征，璋是贵族朝聘、祭祀、丧葬所用的礼器，做官的人身上佩带的玉更是五花八门。

又如，旧社会妇女常起名为钗、簪、环、钏、锦、绣、绮、纨等，在直接表现她们美貌的同时，也象征着她们的从属地位。

类似的还有冰象征纯洁，松竹象征气节，兰象征高雅，鹏象征前程远大，朝晖和晨曦象征朝气蓬勃，劲松象征坚强等。

象征能使抽象的东西形象化，所以用象征修辞方法取出的名字，一般都显得更为生动。同时，由于要表达的思想被寄托在具体事物中，因而也显得更加含蓄。

部分字词的象征意列举如下：

冰——象征纯洁。

松、竹——象征气节。

兰——象征高雅。

朝晖、晨日——象征朝气蓬勃。

鹏——象征前程远大。

云峰、雪莲、劲松——象征坚强。

红——象征美貌；象征革命。

麒麟——象征杰出人物。

鹤龟——象征长寿。

凤——象征美丽、贤德、高贵。

在使用象征方法起名时，要注意两点：第一，象征的意义要明确、贴切；第二，有些象征物用得太滥，失去了新鲜感，就要避免使用了。

起名时运用的修辞手法，远不止比喻、象征和引用这三种。在运用修辞起名时，应综合考虑各种方法，这样，取出一个好名字就更加容易了。

以姓生名法

所谓以姓生名法，是指将姓和名巧妙地联系起来起名的方法。一般来说，姓和名是没有关系的，但如果构思巧妙，就可以使姓和名结合成一体，成为妙趣横生的名字。如：鱼得水、江问渔、田野、金山等，这些名字使姓和名巧妙地连接在一起，形成一个完整的词语，得到一个完整的概念。具体说来，这种起名方法又可分成四个小类。

1. 词语式

就是把姓和名组成独立的词语，这类名字因为是现成的词语，所以容易记住。如：丁香、舒张、高原、田间、周密、章程、边疆、温泉、罗列、曲折、金川、叶子等。这些都是字音义结合得比较好的姓名，但是这类名字也有一个明显的不足，就是用这种方法起出的名字多是单字名，因而重名的可能性比较大。这类名字的另一个不足是，有时这类名字在文章中间出现时，使人分辨不清是词语还是名字，要反复多读几遍之后才能分辨清楚，如“文章”“沈阳”等一类的名字。因此，在使用这种方法起名时，一定要谨慎。如果能做到组合新颖，不易重名，就可以考虑使用这种方法。

2. 姓名意义连接式

我们都知道，姓氏除了表示所属家庭的血缘关系外，它本身还有字面上的意思。我们有可能将姓与名从字义上直接联系起来，形成一个生动有趣、寓意深刻、令人回味无穷的名字。这一类名字一般是“姓”与“名”所代表的意义能够直接联系在一起。或用“姓”来形容、说明“名”的状态和性质，如梁上燕、万盘根、关山月、连天雪等。或用“姓”和“名”组成一个包含主谓宾的句子，如牛得草、苗得雨、牛饮泉等。或用“名”来形容、说明“姓”的状态和性质，如车向前、马永勤、白如冰、岳非丘等。

3. 矛盾式

利用姓氏本身的字义，按其意义选与其匹配且能有矛盾意义的字词起名，往往能给人以新颖、和谐，突如其来的感觉。在自然与社会包罗万有的现象中，我们经常会遇到这样一些矛盾。如：水与火、大与小、多与少、纵与横、快与慢、新与旧、方与圆、动与静、开与合、上与下、古与今、苦与甜，等等。像成方圆、闻一多都体现了矛盾和谐法起名的魅力。

也可以用姓名矛盾法起名。如：牛敏捷，本来按字义，牛给人以体形硕大、辛勤耕作、慢慢吞吞的印象。这个名字把牛和敏捷连在一起，既有寓意又有期望，成为一个构思巧妙的好名字。还有安危、张弛、徐速、夏凉、茅盾等名字，都属矛盾式的“姓”“名”联系法。

4. 简缩成语式

这种方法是利用姓名在字义上的内在联系，巧妙地将姓与名融合成某个成语或典故的简缩形式。运用这种方法起的名字，富有哲理，引人联想。如：修治平是成语“修齐治平”的简缩。读到现代作家万籁鸣的名字，就使人想起“万籁俱寂”这句成语，给人留下很深的印象。用简缩成语式起的名字还有：安立业——安家立业；路遥——路遥知马力；严阵——严阵以待；叶知秋——一叶知秋。

运用这种方法起名的不足之处也是容易造成重名，因为运用这种方法起名，可供选择的余地比较小。因此，在起名时，一定要多推敲一下，争取起一个既符合起名习惯又不容易重复的名字。

数词起名法

数词，即表示数目的词。数目，《汉书·律历志上》：“数者，一十百千万也。”这是就成数概而言之的，详列有：一、二、三、四、五……十、百、千、万、亿、兆；另外繁体有：壹、贰、叁、肆、伍、陆、柒、捌、玖、拾；还有单、独、双、两等，亦属数词。

数词起名法，就是利用数词为人起名的方法。在名字中使用数词，可以收到超乎寻常的效果。因为数词具有其他汉字所没有的优势，能够发挥一般汉字所不可替代的作用，有很强的表现力。如：敬一丹、闻一多、刘一止、丁一焯、刘二祖、朱二玉、马三保、吴三桂、坤四、文五峰、陆五湖、叶六桐、吴七云、余七、吴八月、张九龄、王十朋、陈百祥、张百发、沈千运、方万里、胡万春、武亿、王同亿、赵壹、王半山、冯双礼……

有双数词名字的。例如：蔡五九（元末江西农民起义军领袖）、张九四（元末群雄之一张士诚幼名）、梅百一（明代名士梅鄂表字）、龚半千（清初著名画家龚贤表字）、朱一三（清代画家）、鲍双五（清代文学家鲍桂星表字），等等。

以排行序次起名与称谓的，往往嵌用数词。例如：杜甫称“杜二甫”、郑虔称“郑十八虔”、白居易称“白二十二舍人”、高适称“高三十五书记”，等等；女有称张三娘、李十嫂、杜十娘，等等。

以出生时体重数起名与称谓的，往往嵌用数词。例如：张六斤、杜七斤、八斤嫂、九斤老太，等等。

以出生时祖父母年龄、父母年龄数起名，往往嵌用数词。例如：明末张士诚名“九四”，是以父母年龄数加起来起名的。现代彝族著名作家李乔，小名叫作“六十四”，因其出生时祖父六十四岁。

又有以自己的岁数起名的，这自然也要用数词入名。例如：宋代辛弃疾称“六十一上人”、明代范守已称“九二闲人”、殷登瀛称“九一居士”、清代李遇孙称“上元甲子百岁翁”等。

语义双关法

所谓语义双关法，就是通过名字可以给人两种不同的语义，从而使名字有意义和内涵的起名方法。如“江远帆”，这个名字会使人联想到一幅气势浩大的泼墨山水画，画中江水浩荡，烟波云霭，迷茫朦胧，两叶扁舟若隐若现。它在给人以美的享受的同时，既寓意志当存高远，又揭示了人生如江中扬帆，只有乘风破浪，才能挂云帆而济沧海，实现人生的理想。

双关起名，一般都能取出很精彩的名字，具体说来它有四种方法。

1. 一词多义构成双关

如“杨非雪”，这个名字中的关键字“非”有两种解释：一是在选择对象时表示否定，语气较平和、客观；二是不再、不再是，语气较为强烈，主观色彩较浓。

于是，“杨非雪”也相应地有了双重含义：其一，满天飞舞的杨花像雪花一样轻盈，但它不是雪花；其二，它的深层含义是，杨花是春天的象征，雪花是冬天的标志，杨花开放了，就意味着春天来临了，标志着冰雪肆虐的严冬即将消逝。

2. 象征修辞手法构成双关

当代作家冯毅之的名字就是用象征修辞手法构成双关，他的名字有两层意思：其一，“之”作虚词，表示面对困难应当用坚毅的态度克服；其二，“之”字象征人生的道路曲折崎岖，要想实现人生的目标，就要发扬刚毅的精神。这个双关式的名字主要是借助“之”的形象象征“曲折”的含义。

3. 成语构成双关

如“华而实”，这个名字的字面意义是，既有“春华”又有“秋实”，不仅叶茂花繁，而且硕果累累。

它的深层寓意是借助成语“华而不实”产生的，“华而不实”多用于徒有其名或哗众取宠，“华而实”则正与之相反，是那种徒有其名或哗众取宠的人品和作风的一种反义，这样“华而实”就构成了双层意蕴。

类似的名字还有：钟志成（众志成城）、沈力行（身体力行）、冯甘雨（久旱逢甘雨）、辛花放（心花怒放）、杨春雪（阳春白雪）、邢思成（行成于思）等。

4. 借助谐音构成双关

如我国著名哲学家艾思奇的名字就用了双关法。“艾”与“爱”字谐音，喜欢的意思；思奇，思维奇特，标新立异。“艾思奇”就是“爱思奇”，即“思想上喜欢标新立异”。

应注意的是，双关起名寓意复杂，往往费尽思量，如果思索有果，便会使人意趣盎然，滋生美意。反之，如果玄奥艰深，无从着手，便觉索然无味。

如“江天一”，其一明写自然景致，江水一片茫茫，江天融为一色，无比壮观。另一层则再深入一步，暗寓着社会理想：“江天”暗指江山社稷，“一”则指一色、统一，何时江山一统，天地一色、九州共庆。“江天一”的确是一个巧用双关的好名字。

因此，语义双关起名法成败的关键，在于既能引人入胜，又能引人“出境”，这就要做到明中寓暗，自然灵活。明写的要浅显、易懂，做好铺垫，暗写的要将含义巧妙地附着在明写的文字中，让人能从明义自然过渡到暗义。只有“明”“暗”互不脱节，才能启发人的联想和想象，理解名字的特殊内涵。

期望起名法

人生在世，总会有各种美好的愿望，或希望发财致富，或希望健康长寿，或希望成才成名、建功立业。特别是当夫妇生下孩子，对这个新生命不但满怀爱意，更是充满了热切期望。“望子成龙”这个成语，非常生动地刻画出父母对子女的期望。因为在父母一代没有实现的愿望，强烈地要求在孩子身上实现；而已经实现的理想，又希望下一代能够承继下去，发扬光大。父母的这种思想，也往往十分突出地表现在给孩子起名上，所以期望式起名法是一种应用广泛的起名法。

1. 期望富贵

孩子从生下来那一天起，父母就开始精心地为他设计未来的生活蓝图，为他安排一条幸福之路。如果出生于大户之家，长辈希望他能保住家业；如果出身贫寒，父母则不愿意看到他像父辈那样受苦受穷。总之，父母都希望孩子生活富足，钱财有余。因此，很多人在给孩子起名时都寄托了这种希望。

现列举几例以供大家欣赏借鉴。

李富乐，富乐寓意生活富足幸福，但不能乐而忘礼，仍有上进之意。

崔福成，可谓福满的家庭与丰功伟业的成就均得。

郭庆裕，庆是庆祝、欢庆之意，裕是富足有余的意思，幸福欢乐的美好祝愿不言而喻。

张天禄、江禄致，这两个名字都有禄，其升官发达、出人头地的愿望清楚显见。

2. 期望长寿

长寿安康是所有人的追求，也是一切物质财富的基础，这当然是父母对孩子的最大希望。所以，起名时常表现出这种意愿。如：

辛延年，延年是延年益寿之意。

朱百年，百年即百岁，活到百岁当然是长寿。

丁鹤年，据说鹤能活到很大岁数，鹤年显然就是长寿之义。

方龟年，龟是长寿动物。曹操有诗云“神龟虽寿，犹有竟时”，其名用字是以龟年表长寿之义。

李彭年，彭年其义为年龄活到彭祖那么大。彭祖活了八百岁，当然是长寿了。

刘青山，“刘”谐“留”，代用“留得青山在，不怕没柴烧”，意即一定要保重身体，以待来日。

3. 期望博学多才

父母和长辈都不希望自己的孩子目不识丁。现今，随着社会的发展，人们越来越意识到知识的重要性，勤奋努力、博学多才，已经成为人们追求的理想，他们常常通过名字来表现对博学的志趣和抱负。如：

车文博，文博，知识渊博，以至于车载斗量，真乃博学者。

江含章，江水吐波喷浪，似乎有满腹文采，满江文章。

孔学思，欲博学，不思不可。

王才章，“章”即“彰”，是显著的意思，“才章”即文才显著。

童冠贤，冠贤，才中之首，再联系姓“童”，更显得美妙，少年就成为贤中之冠。

文彦博，“彦”与“渊”谐音，文彦博即文渊博。

王文渊，意即学问很深。

4. 期望济世安民

“天下兴亡，匹夫有责”。作为一个有爱国心的人，总希望民族振兴、国家繁荣。于是，人们为了表明自己炽热真诚的爱国之心，并时时鞭策自己以天下为己任，便经常用一些济世安民的字词来起名。类似的字包括安、国、振、兴、定、邦、华、宇等。如：

张康国，康国，其意为使国家安康。

廖邦杰，邦杰乃邦国杰出人物之意。

魏兴邦，邦，国家，兴邦即振兴国家。“魏”与“为”同音。联系名字看，意即为振兴国家。

5. 期望智力超群

天下父母都希望自己的孩子聪明伶俐，他们对孩子智力的期望通过取名得到了鲜明的体现。以下列举一些人名，以供参考。

赵聪，“聪”即聪明。

李敏，“敏”有敏捷、聪敏的意思。

马思聪，“思聪”即思辨敏锐。

朱少智，“少智”即少小就很聪明。

何敏中，“敏中”即思维敏捷，言论中肯。

黎自明，“自明”即任何事情自己都很了解、很清楚，这样的人当然很聪明。

孟速思，“速思”即反应敏捷，与谥号“智敏”意思相同。

张仲谋，“仲谋”即足智多谋，同时也是孙权的字，意为自己也要像孙权那样足智多谋。

以上这类人名通常直接取聪明智慧的意思，名字中一般含有智、聪、敏、思、谋、睿、明等字，这些字组成的词组还有诚智、睿孜、明睿、慧智、慧中、智祥、少聪、天敏、慧敏、淑敏、敏雅、聪奋、思聪、明慧、慧哲、思远、思清、伶慧、聪亮等。

6. 期望一帆风顺

人生不如意之事十有八九。生活不可能尽如人意，不可能一帆风顺，这是一般常理。但越是这样，父母在给孩子起名时，越是希望他们能顺利地成长，顺利地走向社会，工作顺心，仕途如意。自然而然地，这种希望就体现在孩子的名字中了。如：

孔顺，希望一切顺利如意，平安一生。

杨得志，一生遂愿，实现理想志向。

毛志成，有志者，事竟成之意。

贺吉祥，直接表明求福图吉之意。

汪万顺，愿一生万事顺利如意。

王自成，靠自己努力追求成功的愿望。

郭富城，富贵发达，成功成才之意。

贺永福，追求长久幸福的强烈愿望。

毕生富，一生都要富足快乐如意。

韩达君，追求精神上的成功与升华，达到君子境界的理想愿望。

邢伟强，希望一生伟岸高大、坚强有力。

吕兆祥，兆祥即征兆吉祥，将交好运。

伍启运，启运即开运，交好运。

方中通，中通即通达。

傅一顺，一生顺利的美好愿望。

金运达，祝愿一生幸运发达。

金宏达，前程畅达远大。

安如山，万事顺利，安稳，幸福如高山一样风雨不摧。

美德起名法

所谓美德起名法，是指运用传统美德起名的方法。中华民族自古就重视人的品德教育，一个人光有才不行，还要有德。所谓“道德文章”“德才兼备”“立德、立功、立言”，都是把德放在前面。古人把“立德”看成是人生的不朽之举，以美德起名也是源远流长的文化传统。由于美德不一而足，拥有多种形态，所以美德起名也就相应地表现出诸多形式。以美德起名主要有以下几种方式：

1. 以忠诚仁义起名

这种人名比较常见，且人名中通常含有仁、义、忠、诚等字。如：方从义、黄忠诚、黄植诚、毛思义、周义山等。

2. 以谦恭谨慎起名

这类名字中通常含有廉、恭、谦、信、慎、行、思等字。如：盛汝谦、于仕廉、王尚廉、刘恭、王克恭、韩信、于慎行、于慎思等。

3. 以勤俭守礼起名

这类名字中通常含有朴、素、勤、俭、礼、守、克等字。如：李素洁、李克勤、叶永俭、方克俭、于守礼、郭守仪、尚礼、尚崇礼等。

4. 以高尚气节起名

这类名字中通常含有贞、洁、尚、节、高等字。如：盛以弘、于奕正、孔贞元、王克贞、雷伟节等。

5. 以思敏好学起名

这类名字如王思顺、朱思本、何思澄、柯九思、左思、陆思康、曾敏行、宋敏求、林敏修、徐时敏、方志敏、冯惟敏、方学渐、徐学诗、戚学标、沙可学、祝遵学、刘景学等。

6. 以总的品节来起名

这类名字没有具体说明是哪一种品节，所以一般是指以上各品节的综合。这类名字中通常含有修、己、自、省、正、德等字。如：程修己、龚自珍、于省吾、程楷、程正己、沈德潜、林昭德、彭德怀等。

总之，以美德起名，可供选择的立意、用词有很多，取出一个好名字不是很难。不过，最关键的还是在于言行一致，名副其实。

性格起名法

所谓性格起名法，是指依据一个人性格特征，如文静、活泼、平实、机智等来起名的方法。如著名书法家、诗人沈尹默，原名沈君默，寡言少语，不善辞令。有朋友开玩笑说："你既然默不作声，何必再开口?"意思是君默二字中已有"默"字，但"君"字下面有"口"，与"默"不相称，显得多余。沈君默听后觉得有道理，就将"君"字去"口"，更名为"沈尹默"。其实这不仅是他个性的表白，也含有更深的政治意义。当时国民党反动派不许人们关心、议论国事，那么还要

“口”干什么呢？

从心理学角度而言，一个人的名字对她（他）的成长、性格有着十分重要的影响。性格是人格的外化，是个体对客观现实的稳定的态度和与此相适应的习惯的行为方式。在社会学中，不同的性格是区分不同个体的重要标志之一。人与人的区别、不同之处，最显著的区别在于精神性格方面，也反映了人们对社会共性之外的个性追求和认可，而体现在名字上，更成为个人所独有的文字识别标志，体现个体的性格特征——听其名，如见其人。

对于性格，通常人们认为男性应刚强有力，女性则应温柔娴静，但这也不是一条定律。社会人群的性格趋于复杂和异化，有的男性粗中有细，刚中有柔，有的女性则柔中带刚，文静坚韧。

男性与女性没有绝对的性格差异。以下就根据几种最基本的性格特征来介绍以性格起名的方法。

1. 以活泼类的性格特征起名

这类名字在男性人名和女性人名中都比较常见，使人一看就会觉得用名者是一个自信开朗的人。如：杨龙爽、王乐天、房天乐、杨乐等。

2. 以文静类的性格特征起名

这类名字多见于女性人名。如：陈淑娴、李淑贞、焦菊隐、江采苹等。

3. 以平实类的性格特征起名

这类名字多见于男性人名，它通常用一些男名比较常用的字，如刚、勇、善、良、慈、仁、义等。如：王秉刚、王勇、王性善、赵怡良、严济慈等。

4. 以机智类的性格特征起名

这类名字的用字、用词都比较巧妙，通常都体现了一定的文化修养。这类名字在男女人名中都有所见。如：徐智求、何再生、周济、周旋等。

5. 以意志坚强的性格特征起名

这主要有两种形式。

一种是直接以坚强意志类的字词起名。以坚强意志起名，绝大多数都是采用直接表达法，这类名字中通常含有志、坚、刚、毅、强等字。如：何守志、周志刚、刘志坚、庞坚、符确坚、易坚强、谅毅等。

另一种是间接表达坚强意志的起名。这类起名方法比较少见，名字中通常含有一些能间接表达意志坚强的字词，如一、恒等。如：李植一、傅如一、王恒、盛以恒等。

以性格起名时，要力求体现用名者独特的个性特征，即在起名时要以人为本，突出其最本质的东西，找到与别人的不同之处。这样，名字才能体现用名者鲜明的性格特征，才是一个根据性格取出的好名字。

代词起名法

代词起名法就是在起名时加入人称代词。这种起名方法的好处很多，语义亲切，有的强调完善自我修养，服务大局，贯穿着严于律己的精神；有的大力进行自我宣传，以推销自己，影响世人。代词入名，使名字大放光彩，惹人喜爱。

用代词起名，根据人称来分，有以下三种类型。

1. 第一人称代词用于人名

“我”字可以直接入名，具体如安泰我、严我斯、张我德、费新我、成舍我、范我素等。

另外，“吾”“己”“予”“臣”等字均为第一人称，与“我”字同义。

以“吾”字为人名，如朱镜吾、毛新吾、李健吾、孙虚吾、俞玉吾等。

以“己”字为人名，如李正己、段克己、殷成己、吕胜己等。

以“予”字为人名，如舒舍予、王用予、孙起予、范启予、龚圣予、郑愁予等。

以“臣”字为人名，如裴敬臣、田德臣、史良臣等。

2. 第二人称代词用于人名

这类人称代词主要有“汝”“尔”等。

汝：意为“你”。以“汝”字为人名，如田汝成、王成汝、高汝砺、李汝珍、林汝蔚、华玉汝、冯汝言、宗汝霖等。

尔：用“尔”字的人名，如关尔欣、王溢尔、高尔佳、孙尔明、任尔乐等。

3. 第三人称代词用于人名

这类人称代词主要有“伊”“友”“君”“宾”“伯”“仲”“叔”“公”等。

伊：以“伊”字为人名，如于伊飞、刘伊美等。

友：以“友”字为人名，如范友梅、杨友松、孙友竹等。

君：兄弟朋友之间的敬称。以“君”字为人名，如谭君山、朱君理、段君谋等。

宾：客也。以“宾”字为人名，如李延宾、张庆宾、辛世宾等。

伯：在兄弟排行中代表老大。以“伯”字为人名，如陈玄伯、张伯义等。

仲：在兄弟排行中代表老二。以“仲”字为人名，如张仲景、范仲年等。

叔：在兄弟排行中代表老三。以“叔”字为人名，如陈叔同、王叔文等。

公：第一等爵位，又为对上年纪者的尊称。以“公”字为人名，如黄公略、王公明、周公瑾等。

虚实起名法

虚实起名法，是指在起名时巧妙地配合使用虚词和实词。实词在起名时运用较多，这里主要介绍虚词用于人名的方法。

虚词包括介词、助词、连词、副词、语气词等，起名时常选用的虚词有：尔、则、乎、也、哉、而、于、者、兮等。具体的人名，如周而复、胡也频、张也、林则徐、贺尔康、张漾兮、王者师、袁于令、林乎加等。

这些虚词在名字中发挥着多种作用，如表方向，表阐释，表因果，表状况，表范畴，表转折，表顺承，表同类等。

正因为虚词的作用很多，所以在起名时，虚词与实词的组合，往往能产生富有表现力的好名字。

在虚词与实词相间的名字中，虚词能弥补实词过“实”的不足，而且缓和了实词的语气，丰富了实词的内涵，使实词更富于美感，而实词能使虚词言之有物。所以，虚词与实词的相得益彰，往往使名字委婉动听，活泼清新，优美而富于变化。

再以“方以智”和“茅以升”两个具体人名为例，详细加以说明。

“方以智”与“茅以升”中的“以”是虚词，它的作用很微妙，如果没有这个虚词，那么前后两个实词就可能构成动宾、主谓、联合、偏正四种关系中的一种。

“以”使前者成为主体，后者是希望，名字所表达的是使主体达到或实现某种愿望，表意是间接的、委婉的、循序渐进的，容易被人接受。

又如，“王之玺”与“卞之琳”中的“之”是虚词，它使名字的中心后移，成为偏正结构。前者主要表明后者的领属关系，并且在语音上，“之”字使名字发音更舒缓、悠扬。

“董其昌”与“何其芳”中的“其”字是虚词，它为后面的实词指示方向，“其昌”“其芳”共同说明前面的实词。这里的“其”字既要瞻前又要顾后，是连接两个实词的纽带，作用是很重要的。

“冯乃超”与“章乃器”中的“乃”是虚词，有“于是”“就是”的意思，表示前有因后有果。这里的“乃”字的作用，是任何一个实词都不能替代的。

“郑亦秋”的“亦”是虚词，起到承前启后的作用，意思是“你是这样，我也是这样”，很有亲切感。

虚词与实词相间，两种词类相间搭配，阴阳相济，虚词以柔，实词以刚，往往能使名字出奇制胜，魅力无穷。

最后需要注意的是，在运用虚实起名法时，应尽量做到通俗易懂。因为虚词属于“文言”的范畴，如果使用不当，便会使名字晦涩难懂，这样就得不偿失了。

孪生起名法

所谓孪生起名法，是指给双胞胎的孩子起名的方法。

一般来说，大致有以下几种方法。

1. 主次起名法

如，有人用“大双”“小双”来为双胞胎起名，既较好地体现了双胞胎的特征又体现了大小。又如，“大强”“小强”；“大同”“小同”；“大妮”“二妮”等。

2. 成语组合起名法

例如：李惟妙、李惟肖（惟妙惟肖）；刘精忠、刘报国（精忠报国）；张欣欣、张向荣（欣欣向荣）；赵碧血、赵丹心（碧血丹心）；刘万象、刘更新（万象更新）；王锦秀、王河山（锦绣河山），等等。

3. 名称分解起名法

张亚历、张山大（亚历山大）；王斯图、王加斯（斯图加斯）；刘蒙特、刘利尔（蒙特利尔）；张密西、张西比（密西西比）。

4. 两字组词起名法

我们可以联想到，如果将一个由两个字组成的词分解，第一个字为老大的名，第二个字为老二的名，也是一种可供选择的方法。

如：岳巩、岳固（巩固）；丁美、丁丽（美丽）；周珍、周宝（珍宝）；田雷、田雨（雷雨）；周山、周水（山水），等等。

第五章

起名的禁忌

名字是个人的符号，没有一个人不想让它响亮、动听，易懂好记，而又富于内涵。所以，在起名的时候，熟悉本章所讲述的这些起名禁忌是必要的，避免陷入起名误区。

起名思路禁忌

名字是伴随一个人一生的符号，是其身份的特定表示，也是社会交往中必不可少的代码。好名字可以给你的社交、工作等方面带来诸多的便利，甚至会给你带来幸福。因此，在起名时，不能草率行事，必须要多思多想。

1. 起名忌“直白”

所谓“直白”，是指名字的表达方式太直接，太简单化，太像白话。“直白”的名字缺少涵养、意味和美感，显示起名者文化水平低。这样的名字只能算作材料或半成品，若当作名字使用，还需要进一步加工润色。如王难得、马千北、石大用、谢天地、谭全播、孙太黑、金刚钻、彭商人、钱勤来等。

2. 起名忌锋芒太露和狂妄自大

起名不能浅露，也不能狂妄，更不能放肆。因为起一个锋芒太露的名字，极易引起人反感，让旁人心里不服，进而指责：“有何了不起的？人不如其名罢了!”就像一些人起名用“伟大”“万富”“雄才”“胜天”等。所谓“枪打出头鸟”，谦虚才是正道。狂妄、放肆是缺乏修养的表现，不仅是一种自我浅薄暴露，而且是对他人的不敬，甚至是蔑视。“独尊”“超人”“超众”“天敌”之类的名字，一定会成为众矢之的，切要忌之。

3. 起名忌肤浅

起名应当新颖，别具一格，且不肤浅、俗气。这包括两个方面：一是思路上的俗套，沿用过去的老方法，起名仍然围绕着福禄财相、仁寿安康、光宗耀祖、礼义廉耻、忠厚贤德、金银珠宝、龙虎凤麒、英花兰香等陈词滥调。虽然这是大部分人祈盼人如其名那样得到这些福报，但现实生活中并不推荐此法；二是套用俗词俗语，缺乏新鲜感。如高山、高峰、华夏、商丘、章法、郑常、康乐、廖得金、许善心、金如山、高连升、马兰花等。这样的名字，让人听起来，就感觉到此人的素质不高，无法跟那些雅致飘逸的人相比，自然恭敬之心也少了一半。

4. 起名忌粗俗

粗与细是相对的，俗与雅是相对的。所谓“粗”就是粗糙的未经加工的带有原始味道的字词。名字应当是一件精致玲珑的作品，让人赏心悦目。“粗”是相对的，格格不入的。用“粗俗”的字起名有两种表现：一是用词粗鲁、俗气、未经雕琢。如狗蛋、野猫、牛仔、石头、黑孩、毛妹等，这些大多是乳名，有的又用作大名；二是虽做了一定的文字加工，但字面词意间仍流露出一种野气，给人冥顽不灵、桀骜不驯的印象。如雷公、雍亲、胡泥、裴邢、刘杀等。

5. 起名忌过于洋化

不要起过于洋化的名字。我们是炎黄子孙，如果名字过于洋化，则与身份很不相称，造成内外失重的感觉，所以起名时应该体现出中国文化的特性，而不是一味地为了追求洋气而使用一些过于时髦的字眼儿。当然，如果是在一些与外国人交流的场所则另当别论了，也可以直接在中文名外取个英文名字，方便与外国人交流。

6. 起名忌疏漏

所谓疏漏，是指起名时由于考虑不周详而造成的漏洞，产生遗留问题，即“后遗症”。常见的有两类：一是汉字具有多义性，起名时往往顾此失彼，造成其他语义方面的疏漏。比如马蹄疾。此名字是引用典故，出于唐代孟郊的《登科后》：“春风得意马蹄疾，一日看尽长安花。”在诗句中“疾”是轻快的意思，反映登科后的得意心情。可是单独拿出此三字用于名字，语境变了，意思就有所不同。“疾”的表面意思是“疾病”，从这个角度理解，这个名字就很不吉利了；二是借用成语的字词起名，却没有认真推敲成语的意义，由此造成名字“语义”不良、不美、不妙，这是另外一种疏漏。比如有人名叫“黄粱”，其实黄粱美梦是个贬义性的成语。

7. 起名忌跟风

起名尽量不要跟风，要经得起时代的考验，否则一旦风潮过后，名字便“落后”了，会让跟风者贻笑大方的。所以，要尽量克服从众心理，绝不要为赶“时髦”。而要别出心裁，独树一帜，起出与众不同的名字，让人很快并且很牢地记得你，在任何时代都合适。

8. 起名忌杂凑

有些名字不是经过深思熟虑、反复推敲起出来的，而是随意找几个字凑起来的，无明确的含义，字词的搭配也不协调，甚至字词之间存在着矛盾与混乱的现象。杂凑的名字像个“拼盘”，各自独立成义。比如，“田川流”这个名字，表义就很不明确，再如“陈妙汉”，从字面上看“妙”和“汉”是两个具有对立意义的字，“妙”通常用于女性，表阴柔之美，而“汉”则表示有阳刚美的男子。这两个字凑在一起，给人一种似是而非、难以断言之感。有的名字，姓和名的意思脱节，甚至独立，造成语义的矛盾与混乱。如毛铁桥，“毛”与“铁桥”如何搭配？齐平山是理解成“平齐的山”还是“像山一样整齐”？似乎都解释不通，齐与山本身就对立。因此，这样的名字就是典型的“杂凑”。

用杂凑方式起名，是很不认真的一种态度，效果自然不会好。起名字，要多花些精力和时间，反复推敲，才可能获得良好的效果。

9. 起名忌浅薄

“浅”与“薄”都是指名字的“语义”不深，没有分量。造成浅薄的原因主要有两个：一个是单字名，与姓组合成一个常用词或词组，只表达单一而又简明的内容。如黄山、高堂、满月、龙门、方法、文才、郑宗、陈着、罗汉、金刚等；二是双字名，但名字构成的词组只表达一个浅显、简单的意思，内容仍然没有摆脱单一性。如方向明、张敬礼、陈建设、邓小妹、单印章、徐阿二、毛二可（哥）、何大桥、朱卫星等。这种名字如同没经过加工的石料，虽然也是人名，还说不上艺术，因而也难以给人以美感。名字内容单一意义肤浅，自然不能引人瞩目，获得人们的好感。只有富于变化和加大深度，才不会使名字如一杯白开水一样索然无味。

克服浅薄的毛病，可从两方面入手：一是让名字的语义多元化，即有多向性或多维性；二是使构成名字的词语结构复杂化，尽量让姓氏参与组词，并且三个字各自成词，每个字代表的意思都不相同，构成多层关系。符合这两方面的要求，名字的语义就不会“浅薄”了。

10. 起名忌用祖先的名号

古代汉族人起名，都会避讳祖先的名号。其原因有二：一是汉族人讲究辈分。以祖先名号为名，便打乱了辈分的排序；同时，也会被视为对祖先的不敬；二是汉姓汉名的格局所决定的。汉姓名，首先是继承父姓，然后取一个只代表本人的名字（单名或双名）。

11. 起名忌用伟人、先贤之名

崇敬伟人、仰慕先贤是一种积极向上的精神，值得学习。但这与用伟人、先贤之名起名是风马牛不相及的。有人以为，用伟人、先贤之名起名，就是对伟人的崇敬和对先贤的仰慕，其实则不然。崇敬伟人，就应学伟人的思想、品格、精神和行为；仰慕先贤，就应以先贤的行为做榜样。但以他们的名字起名，不但缺少创造力，而且违背伟人与先贤的教诲。从姓名学角度来说，伟人的名字也未必就适合你。

12. 起名忌用文艺作品中典型人物

文艺作品中典型人物的姓名也多为后人不取。某些典型人物的姓名，与某些著名的历史人物一样，也已经家喻户晓。如果起同样的名字，未免有些妄自尊大之嫌。如：秦香莲、孟姜女、花木兰、贾宝玉、林黛玉、薛宝钗、王熙凤、孙悟空等。

总之，名字能够体现出一个人的审美情趣和追求，只有弃旧图新，随时代发展和社会的变迁更新观念，解放思想，才能在起名的时候，注入新的合时宜的思想观念和审美情趣，使所取的名字成为具有时代特色的充满生机和活力的作品。

起名用字禁忌

1. 起名忌用过繁的字

过繁的字是指笔画过多而结构复杂的字，这样的字写起来麻烦又不好看。名字中繁字多了就会造成黑白失调，轻重不分，令人透不过气来，产生憋闷感。而且笔画过多的字，写起来很不方便。如果一位小学生，刚开始上学，就要他写几十画的名字，不但对他是一项繁重的负担，而且连带性地使他对写字学习兴趣降低。即使是成年人，名字笔画数太多，也是有弊无利。

2. 起名忌用冷僻字

名字是参与社会活动的媒介，要尽量选取众人能认能读能理解的字，而不要选用过于冷僻的字，让人费解不懂，摸不着头脑。例如赵傣这个名字，“傣”字只有在讲少数民族知识时才会提到“傣族”，一般情况下，人们很少使用“傣”字，此名很容易让人们读成“赵泰”。一般人认识的常用字，不过三四千，而使用冷僻字，影响了形象，妨碍了交际，可谓得不偿失。

3. 起名忌用拗口的字与词

有些名字读起来费劲，听起来很吃力，弄不好就会读错、听错。原因在哪儿？就是因为起名字时用字拗口，几乎成了“绕口令”。如张长刚、朱书土、魏瑞慧等。忌用拗口字起名，主要是指不用双声、叠韵字起名。如伶州鸠、沈既济、孙州仇、夏亚一、金镜清、周啸潮、胡富芬、耿精忠、张昌商等。掌握了规律，起名时只要认真落实，就能够做到。

4. 起名忌用过火的字

过火，是指超过了分寸，超过合适的度。常见有两种情况：一是自夸型，形成自吹。这样反而效果不佳。如陈万策、卜万科、管万敌、李万寿、陈柱天等，这些“万”字显然是夸大其词，令人难以置信；二是自谦过分，形成自贱、自贬。谦虚应当有个限度，那就是不能违背实事求是的原则。违背了这个原则，就会走向反面。如：王拙、刘迂、袁痴、虞愚等。他们真的认为自己拙笨、迂腐、痴呆、愚笨吗？

5. 起名忌用多音字

汉字中存在一字多音的现象。在 3500 个常用汉字中就有

250个多音字。这些多音字至少有两个读音。如“参”，就有三个读音。如：周长行、张重参。到底读什么音呢？这让人浪费心神。所以，在用到多音字时，还要小心为妙。值得注意的是，不要用两个多音字组成词来起名，这是烦上加烦，更难处理。如“周长行”这个名字有四种念法，究竟哪一个才是正确读法呢？

6. 起名忌用表示辈分的称谓字

表示辈分的称谓字，一般不入名（绰号除外）。如：爷、奶、爹、爸、妈、孙、儿等。但有些称谓字却经常入名，如祖、姐、妹、弟等。起名为张继祖、李念祖、王祖贵、方小姐、刘三姐等大有人在。以“祖”为名，常有配合的字。这配合的字，都是一些特定的、后辈人与祖辈有所联系的字，表示后辈对祖辈的尊敬、怀念、承继等。如搭配其他不敬的字，则为大忌。

7. 起名忌用相同部首字

三个字的偏旁部首完全相同。如：江浪涛、何信仁、郭郁邦等，这样会给人单调感，缺乏跳跃美。

8. 起名忌用消极的字

消极字大体上分三种类型：一是纤弱型。如石缝中的小草那样纤细瘦弱，令人可怜。陆瘦燕、周瘦娟、秦瘦鸥、陈秋草、薛用弱等都是纤弱的名字；二是忧伤型。这样的名字给人以含辛茹苦，忧伤孤独，内心酸楚之感，令人哀叹。如刘恨水、独孤郁、黄连茹、胡鸿铭（孤鸿鸣）、韩颓当、方子沮、颜孤、庞晃（彷徨）等；三是灰暗型。这类名字给人以寒风嘶鸣、白霜茫茫、阴霾沉重、前途暗淡、令人心凉之感。

9. 起名忌用贬义字

先来看看一些例子。希卑、慎溃、冀缺、孟陋、任鄙、文五、严重、贾混、张落魄等，这些名字的贬义鲜明，一望即知，不必思考。还有一类是需要略加思索的，如史策（失策）、胡笃（糊涂）、郭翻（锅翻）、吴德（无德）、韦彰（违章）、叶光（叶子掉光）、陈规（陋习）等。

10. 起名忌用凶、坏字

凶、坏字起名，主要表现在：一是用"病疫"字起名，过去用痤疮、许点、石痴、宿瘤女、王怄等。这些名字不仅表明了身体的病态，而且造成精神压力，使人难得欢喜；二是用凶祸的字起名，如元凶、朱邪、郭老虎、许赤虎、王罴、李劫夫、洪水、乌云、黄天等。这类名字，有的是"洪水""猛兽"，威胁着人们的生命安全，是人类的大敌。试问，这些名字会给人什么感觉？

11. 起名忌用恶劣字

这里的恶劣字包括两层意思：一是指品行方面的；二是指造成恶劣后果。用这两种意思的字起名，都会给正直、善良的人造成反感，因而是不可取的。如：刁竖、唐狡、熊疑、赵奢、谷缺、吴贱安、李混子等，都是用恶劣的字起名。

12. 起名忌用嫌疑字

所谓嫌疑字，是指人们特别敏感的一些字。如：乌龟、王八、秃驴、醋、酸、臭、绿巾等。名字中直接用这类字几乎没有，但是谐音转化成这类字的偶尔还有出现，这也是应当避免的。如：吴（乌）金贵（龟）、王霸（八）业、吕（绿）金（巾）荣、项尚（上）图（秃）、班之侣（驴）等。

13. 起名忌用某些不祥的动物名称

某些动物的名称不宜入名（名号、绰号除外）。如：蝇、虱、鼠、狼、豺、猪、鸡、鸭、蛇、蝎等。但有些动物名称却常能入名，如虎、豹、鸽、燕、雁等。如：马金豹、李文虎、王平鸽、赵小燕、冯金雁等。

14. 起名忌用表示疾病的字

某些表示疾病和不祥的字，一般不入名、号。如：灾、难、凶、恶、祸、厄、困、殃、害、疔、疵、疯、疽、疼、疹、疮、疥、痔等。

15. 起名忌用人体器官名称

人体的大部分器官名称不入名（绰号除外）。如：眼、鼻、舌、脸、喉、嘴、脚、胳膊、肺、肝、脾、肾、胃等。

以上所述诸多禁忌，大家应要注意，在起名前深思熟虑，前后比较，莫掉入起名误区，一定要起个吉利的名字。

第六章

改名的那些事儿

名字是伴随人一生的，每个名字都有它独特的含义。如果你对自己现有的名字不满意，那么改名的时候一定要慎重。选择一个适合自己、有具体意义的名字，让自己的人生更加丰富灿烂。

改名的概述

俗话说："行不改名，坐不改姓。"起名是认真的、慎重的，用名也是严肃的、稳定的。可随着环境的不断变化，人们常常会觉得原名已不恰当，对原名也越来越不满意，直至最终改换原名。其实，起名是常例，是每个人都要经历的；改名是特例，不具有普遍性。但是，改名实际上也相当于是起名，只不过不是一无所有，而是原来就有一个名字，在此基础上进行加工或更改，使改过的新名字能具有更丰富的内涵和实际意义。

改名的事例，古往今来实在不少。如：曹雪芹原名曹沾，朱自清原名朱自华，茅盾原名沈雁冰，霍英东原名霍官泰，成龙原名陈港生，关之琳原名关家慧，李玟原名李美林，袁咏仪原名袁靓靓，王菲原名夏琳……从某种意义上来说，改名是改变人生境遇创造二次自我的理想和信念，给自己一个崭新的标志。人们步入成年后，生活的风雨，命运的磨难，以及对人生宏伟目标的征服和挺进，使他对原来的名字不满意，因而要用一个全新的名字来表达自己的愿望，编织自己未来的蓝图。成年人改名，就其本人而言，是一个生命的转折点，也可以说是生活与人生的新起点。

改名的情形是比较复杂的，一般说来有以下几种情况。

1. 因原名不合自己的意愿而改名

一般来说，孩子刚生下来或小时候起名，自己不能参与其中，大多由父母家人以及亲戚朋友决定。如此取出的名字，并不一定为孩子所喜欢，也不一定能体现出个人的性情和抱负。当孩子长大后，有了独立的思考能力和价值取向，在感到原来的名字不符合自己意愿的情况下，就有了一种强烈的愿望——要为自己起个让自己满意的名字。如，鲁迅先生的伯父本来叫

“仲升”，北京话发音与“重升”“众生”相同，众生又有牲畜（众牲）的味道，含有骂人意味，所以不愿意用，就改名伯升。

2. 因时代、思想或身份的变化而改名

时代风潮也是改名的原因之一。思想文化之风的转变，必然会影响到一些人。在 20 世纪二三十年代，西渡留学之风渐盛，受之影响也有人改名。比如，著名作家巴金原名李芾甘，在巴黎留学时，一度崇尚巴枯宁和克鲁泡特金的无政府主义，因此从二人名字中的首尾各取一字，成现名；教育家陶行知少年时崇拜王阳明的知行合一思想，故名知行。留美后又受实验主义的影响，认为凡事并非知而后行，而是行而后知，于是又改名行知。

3. 因渴望改变命运而改名

现代人改名，大多是想给生命一个崭新的标志，让自己的精神面貌焕然一新，从而在当代有所作为。如近代革命家秋瑾，原名秋闺瑾，小名玉姑，后来为了表示女子不甘落后的革命抱负，便去掉了名中温婉的闺字，改名为秋瑾，又自称竞雄、鉴湖女侠。

当然，某些人改名，也不排除其他因素，如祈告祝福人生等。但不管怎样，对于改名的人而言，都是一个人思想意识的转折点，也可以说是生活与人生的新起点。

4. 因隐蔽身世和身份而改名

在特殊情况下，一些人为避世事之乱和各种灾祸，通过改名隐蔽身世和身份。例如，明清之际的著名政治活动家、哲学家、自然科学家方以智，志比天高，曾自称要把古今中外的知识于一炉，发明千古不破的道理。但由于其早年受奸臣魏忠贤余党阮大铖的诬陷，不得不辗转浙江、福建等地，两弃家室，五变姓名。他先后改名为吴石公、愚道人、方以智、大智等，又先后取别号弘智、药地五老、浮山笑翁、浮庐愚者、天界戒子、黑立道人等，息交绝游，过着由入世到出世的隐居生活。

5. 因原名犯禁忌而改名

在某些背景下，根据多种因素而起的初名犯了某一禁忌，陷入起名误区，所以要改名，以求给生活带来方便，这种情况下改名是必要的。例如，封建时代的避讳制度迫使许多人改名、换姓，如汉代蒯彻因避武帝刘彻改名蒯通；南齐萧道先避高帝萧道成名讳而改名景先等。又如在抗日或解放战争时由于革命工作的需要而必须改名。

改名对人生起到的作用是潜移默化的。改名主要是表达和昭示当事人的远大抱负、爱慕、向往美好生活等心理。改名能对当事人起到积极的诱导暗示作用，激励当事人去奋斗。因此，从心理动机上分析，改名是一种心理自我抚慰与暗示。一个好名字能时时唤起人们美好的联想，使当事人得到鞭策和鼓舞，自信心也不断地得到增强。

改名的注意事项与原则

名字是一个人的身份标志，如果对自己名字不满意，完全可以改名。但改名是人生的一件大事，一件很严肃的事，必须慎重。一般改名，是指改常用名。改常用名之后，如果只限于平常能够使用，就无须履行法定程序，只要自己确认就行，不必去公安局办手续改户口簿。但如果要改法定名，就要经过一定的审批手续。在改法定名前，一定要慎重考虑，一般改了法定名后不能轻易变更。

一般来说，中国公民变更法定姓名，应按照有关规定，履行审批手续后再做变更。公民享有姓名权，有权决定、使用和依照规定改变自己的姓名，禁止他人干涉、盗用、假冒。

1. 改名的程序

如果是年满 18 周岁的人直接到本人户口所在地的派出所，申请办理就可以了。需要提供的材料有本人的户口本、身份证的原件及复印件，变更申请书和单位（街道办或者学校）出具的变更姓名证明信，收养关系变更的要带着收养证。

申请之后，派出所会调查审核，确认无误之后再递交上级分局进行再次审核。审核通过，就意味着改名成功，那么你的户口本姓名栏上就会出现曾用名“×××”。

如果是未满 18 周岁的未成年改名字，则需要由本人或者父母、收养人向户口登记机关申请变更登记。

2. 身份证变更名字有严格的申报限制条件和理由

①户口本与身份证的名字不一致的；

②非自身原因而造成的身份证名字错误的；

③身份证名字或名字的谐音违背公共秩序、善良风俗，或者容易造成性别混淆、他人误解或伤及本人感情的；

④身份证名字中含有冷僻字，或者公安机关认定确需变更名字的其他特殊情形。

法律上关于成年人身份证变更名字必须同时具备三个条件：第一是本人要表达变更名字的意愿；第二是变更名字的理由要充分；第三是本人要承诺变更名字后引起的民事和法律责任均由自己承担，且一生只能变更一次名字。

另外需要注意的是，正在被刑事处罚、劳动教养和其他正在羁押的人员，是不能改名字的。如果处罚完或者已经出狱有案底的人，依旧能改名字的。

3. 改名应遵循的原则

一般情况下，改名应该遵循以下原则：

①尽量小改的原则

应根据原名尽量小改的原则，可以变字不变音，如王止洋，可改名为王志阳。

②轻改的原则

对于一些字意不佳或比较烦琐的字可做小幅度改动，只改动姓名中的最后一字或只改动中间一字。如：张辛香，改名为张月香，只改中间一字；尹文德，改名为尹文星，只改最后一字。

③中度改名的原则

由于每个人的情况不同，因此在改名时，有些名字需要做较大变动，如三字名字，其中两个字与原名字截然不同。例如李小菊，改名为李万芳。

④大改的原则

在个别情况下，有些人的名字不仅要改名字，而且连姓也要做很大的变动，既改名又改姓。如：马得草（随母姓），后改名为吴润天（随父姓）。

以上介绍的只是改名的一般性原则，由于每个人所处的环境、职业、地位不同，以及个人的喜好不同，在改名过程中，还有许多可变通的因素，需要加以具体分析。名字作为姓名文化的重要组成部分，包含着深刻的人生哲理，因此改名的时候不能随心所欲地改，或者根据自己的喜好胡乱加以组合，而应本着对自己负责、对社会负责的态度，广泛听取别人意见，或向有关专家咨询，使所改的名字真正达到音形义最佳组合。

改名的方法

起名有讲究，改名更需慎重。改名不仅体现一个人的操行、志向，而且体现了一种意愿或一种宏大高远的进取精神。从某种意义上说，改名是一种创作活动，像创作诗歌散文一样，也需要借助启发和灵感。有时人们冥思苦想，搜肠刮肚，终却一无所获，而有时随时灵动，却能妙手偶得地发现一个新鲜而有趣的名字。那么，该如何改名，改名又有哪些方法?

1. 以地名改名法

以地名为名的习俗一般都有一段特殊的历史，有的是父母还有太多的牵挂，有的是名字主人难以割舍曾经的经历。于是，都以寄托思念为主来改名，令人每每想起，都不禁感到幸福和留恋。因此改名时，此类改名法不妨作为一种考虑。例如，国画大师齐白石拜师学艺时，请胡沁园先生给他改名。胡先生说：“离你家不到一里的地方有个驿站叫白石铺，白石铺虽无名山大川，可田园风光倒也十分美好，我看你就叫白石山人吧!”但四字有些啰唆，所以在题画时，齐白石常常只写前两个字“白石”。这样一来，久而久之，他就干脆以“齐白石”为名了。

2. 谐音换字法

以同音字或近音字来改名，既可保留原名的发音，又可改变原名的寓意和书写，达到改名的目的，是人们比较容易接受的改名方法。一字之易，往往可以点石成金。例如，著名游泳运动员庄泳，父母都爱好音乐，希望自己的女儿将来能成为歌星，所以给她起名“庄咏”。可是庄咏却似乎天生与水有缘，上幼儿园时就学会了游泳。后来就以谐音换字的方式将“咏”改为“泳”，遂使这位游泳健将得以名副其实。电影明星傅艺伟，原名傅意伟，现名是她在拍摄《她从雾中来》时电影厂的师傅们改的。这一字之改，顿然生辉，为她改出了一个响亮而又贴近职业的名字，确实很贴切。

3. 易音换字法

发音相同或相近的字是很有限的，当改名的要求与保留原名的发音产生冲突时，人们便只好忍痛割爱，而求诸其他发音的字了。有时虽然仅仅是一音之改，但名字的寓意、风韵都焕然一新。例如，现代著名散文家、诗人朱自清，原名朱自华。将“华”改为“清”，不仅比原名高雅，而且还蕴含典故：“宁廉洁正直以自清乎?”（《楚辞·卜居》）含有保持清白、绝不同反动势力同流合污之意。现代诗人何其芳，原名何永芳，是一个字辈名。他在四川万县中学读书时，因为文章写得漂亮而深受国文老师青睐。“何其芳”便是这位老师为他所改。虽是一字之改，却顿使名字大放光彩，就像一个激情洋溢的感叹句，表达老师对弟子发自内心地欣赏。

4. 向人求赐改名法

有许多人的名字都不是父母改的，这有很多的原因：文化低，对改名不内行；求人赐名，图个荣耀吉利；感恩纪念；求人指点迷津，以觉悟解惑；为了立身行事的方便。

“赐名”者各个阶层都有，有皇帝圣谕钦赐，也有“金枝玉叶”口谕传诏；有私塾先生，有亲朋长辈，有传艺恩师，也有云游僧侣；有豪儒名士，也有江湖行侠……

何坤求名于毛泽东而得“长工”；李隆郅求名于邓中复而得“立三”；刘大田求名于恩师而得“开渠”；张正权曾出家投佛而得“大千”；牛俊国求名先辈而获“得草”……

可以这样说，在古代，求人赐名是由于人们对权威、古圣先贤的敬仰所致，而在今日，则变成了对改名文化的一种尊重，对先进文明的一种借鉴和后代前途命运的一种深切关注和殷切期望。无论是对于那些才疏学浅的人，还是对于那些学富五车的人来说，都未尝不是一件可行之事。

5. 增减字改名法

增减字改名，是指在原名的基础上增加或减少一个字，从而赋予原名新的含义，成为一个新名字。

古元是当代著名的版画家，他出生时，他的父亲希望他能一生平安幸福，便虔诚地把他认寄给关帝庙的关圣大帝，并因此而为他起名为古帝源。古帝源到延安以后，觉得这个名字不合乎自己的理想志向，于是就去掉名字的前一个字“帝”，同时又把后一个字“源”改用同音“元”，就这样，他的名字就由古帝源变为古元了。

又如著名学者闻一多先生，原名闻家骅，后来觉得俗气，便改为闻多。不久后，他发现这个名字叫起来不是很顺口，有同学建议他在中间加个“一”字，好听好记，他欣然接受，于是又改名为闻一多。

电影《南征北战》的著名导演成荫，原名成荫五。1938年他到延安后，由于很喜欢“绿树成荫”这个成语，便将“成荫五”中的“五”字去掉，改名成荫，读后能让人立即有“绿树成荫”的联想。

6. 部首改动法

部首作为汉字的构件具有双重性，一方面它本身具有一定的含义，另一方面它又是造字材料。部首的这种双重性，使得名字可以仅仅由于增减、替换其中一字或两字的部首而含义大变。因此改变名字的“形”，也成为人们常用的改名方法。

著名漫画家王复羊原名王复祥，后将“祥”字的“示”字旁去掉，就成了“羊”字。

深受青少年喜爱的科普作家高士其，原名高仕其。他看透了当时社会的黑暗与政治的腐败，非常气愤不满，愤然改名“高士其”，而且说“去掉人旁不做官，扔掉金旁不为钱。”

7. 言志改名法

言志往往与时代联系紧密，不同的年代又有不同的政治特点，自然影响着人们的抱负与理想，也影响了人们的名字的风格。

中国共产党创始人之一王尽美，原名王瑞俊，出席党的一大会议后，因更加向往尽善尽美的共产主义社会，所以改名尽美，并为此作诗："贫富阶级见疆场，尽善尽美唯解放。淮水泥沙统入海，乔有麓下看沧桑。"

中共著名理论家萧楚女，原名树烈，又名萧秋，学名楚汝，后在湖北时以屈原《离骚》"忽反顾以流涕兮，哀高丘之无女"之意改名。女，神女，楚既有《楚辞》之意，又指楚地之间。用"楚女"为名，表示其为国奋斗一生，奉献自己的无私胸怀。

孙中山的名字寄托了他的爱国情怀。孙中山的长孙生于1913年，适逢民国初年，孙中山殷切希望国泰民安，天下太平，就为他的孙子改名为孙治平，取"治国平天下"之意；次孙生于1915年，孙中山有感于治国须先求平安，再求强盛，强国才能站稳脚跟，所以为次孙改名孙治强。

中国革命家、教育家徐特立，原名徐懋恂，又名徐立华。青年时期他乘船去衡山，见十多个与他同乘一船的人一路上对船工的态度蛮横，极感不平，于是警示自己，如果中举及第，只当教员，不当欺压百姓的官，并取"特立独行，高洁自守，不随流俗，不入污泥”之意，改名为徐特立。

8. 以文章、诗词改名法

以文章、诗词改名，需要较深的文化修养和一定的文学基础，是一种极好的改名方法。随着我国文化事业的发展，国民文化水平逐渐提高，人们将会更加喜欢选择辞章中的字义改名。

中国现代派象征主义诗人、翻译家戴望舒，原名戴朝安。望舒取自楚国诗人屈原作的《离骚》：“前望舒使先驱兮，后飞廉使奔属。”望舒即神话中的驱月驾车的神，后来成为月的代称。

邹韬奋是我国现代著名的新闻记者、出版家，他原名邹恩润，因其一生的主要活动都用“韬奋”这个笔名，他的原名反而被忽略。关于韬奋一名，他曾向人解释过，“韬”是韬光养晦，“奋”是奋斗不息，用以自勉的意思。郭沫若曾就他的笔名作了一副藏头联：“韬略终须建新国，奋发还得读良书。”

现代作家张恨水，原名张心远，“恨水”二字也寓含着一段深意。南唐后主李煜《乌夜啼》词云：“林花谢了春红，太匆匆。无奈朝来寒雨，晚来风。胭脂泪，相留醉，几时重？自是人生长恨，水长东。”张恨水幼年酷爱辞章，读了李后主此词，从中悟到光阴像流水一样白白逝去。“恨水”一名会使我们感慨光阴如水流逝，务须严以律己。

以文章、诗词改名具有典雅、风流、含蓄、秀美的特性。

如反映君子风度的诗，“得志时怡然，失志时泰然”，得名怡然、泰然；济世于黎明得“济黎”名，利于苍生得“利生”。

9. 前后易序法

有时人们改名字既不加字减字，也不更字，而仅仅是把名字的先后顺序变动一下。这方面最典型的例子莫过于大教育家陶行知了。陶行知原名陶文浚。他年轻时受明代理学家王阳明“知行合一”论的影响，将自己的名字改为“陶知行”。后来他发现先知后行是个错误，于是便将“知”和“行”前后顺序颠倒过来，这样“陶知行”就变成后来的“陶行知”了。

在日常生活中，常常有的名字在被别人叫的时候，顺序给叫颠倒了。如：“兰玉”被叫成“玉兰”，“明新”被叫成“新明”，“农建”被叫成“建农”。这种呼叫中的错误如果频频发生，那么则属于另一种情况，这些名字的顺序不符合人们的一般语言习惯，应当用前后易序法改名。

第七章

名人姓名的趣闻逸事

名字具有丰富的内涵，短短几个字，不仅高度浓缩了起名者的期望，还能体现出一个人的人生追求。我国很多名人的名字都比较好听且富有深意，那么，他们的名字是怎么来的呢？他们起名过程中有什么样的趣事呢？本章将做个简单介绍。

郁达夫为孩子起名

郁达夫，原名郁文，字达夫，幼名阿凤，浙江富阳人。他是新文学团体“创造社”的发起人之一，是为抗日救国而殉难的爱国主义作家。

郁达夫怀有爱国主义精神，他对宋代抗金英雄岳飞父子敬仰备至。

郁达夫与王映霞结婚后，生了三个孩子。郁达夫为长子取名飞，借名于岳飞；次子取名云，借名于岳飞之子岳云。在第三个孩子要出生之前，考虑到名字时，他与王映霞商量说："若生下一个女孩，那就好了，就给她取名银瓶，银瓶是岳飞之女，这样，正好凑成岳家军全套。"

王映霞问："若不是女孩，是个男孩呢？"

郁达夫愣住了，一时想不出什么好名来。

王映霞说："我想，如果生男孩，我们就给他取名'亮'。三国里，有张飞、赵云二将，我们现在已有'飞''云'二员猛将，自然少不得一个谋臣。历史上的智谋奇略之士，当推那位鞠躬尽瘁、死而后已的诸葛亮了。"

郁达夫听了，拍手叫好。

后来，第三个孩子果然是个男孩，于是郁达夫就按王映霞的意见，取名"亮"。

郁达夫不仅敬仰岳飞父子的品格，而且在行动上学习和发扬岳飞父子的民族气节。抗日战争时期，新加坡成立文化战时工作团，他任主席，并主编《星洲日报·文艺副刊》，积极从事抗日宣传工作。1941 年新加坡沦陷，郁达夫与胡愈之、王任叔等抗日文化人一同流亡到印度尼西亚的苏门答腊岛，身处虎穴仍坚持斗争。

在苏门答腊岛，郁达夫留居在日军占领下的一座名叫巴爷公务的小镇上，化名“赵廉”，外号“赵胡子”，与朋友合开赵豫记酒厂，以老板的公开身份经营酒厂，从事抗日工作。1941年郁达夫因感情不和，与王映霞离婚。1943 年 9 月，他与印尼华侨何莲有结婚。何女士是广东籍，因相貌平常，郁达夫跟她开玩笑，改名何丽有，即何丽之有。她不懂华文，欣然接受这个名字。

何丽有和郁达夫感情很好，他们生有一子一女。郁达夫为儿子取名大雅（亚），意在讥讽日本推行“大东亚共荣圈”，才生出这个儿子；女儿叫美兰，在日本特务杀害郁达夫的翌日出生。何丽有一直以为赵廉只是一个普通酒厂老板，直到丈夫被害，才知道他是文化名人郁达夫。

李四光名字的由来

著名地质学家李四光，原名李仲揆，“李四光”这个名字是他在一次填表时偶然改用的。1902 年，李仲揆报考了当时湖广总督张之洞创办的武昌高等小学，并以第一名的成绩顺利地考上了这所学堂。入学后，他刻苦用功，连考了几次第一名。两年后，按学堂的规定，他因成绩优秀被保送到日本官费留学。在填写出国护照表格时，他因一时兴奋走了神，竟把年龄“十四”写在姓名栏下面。怎么办呢？他冷静地想了一下，就把“十”改成“李”，可是叫“李四”多难听呀。这时，他抬头无意间看见学堂大殿横匾上的“光被四表”四个字，就突发灵感——何不在“四”字后再添个“光”字？四光，四面光明，光照四方，前途充满希望啊。他对想到的这个名字很满意，于是又端端正正地加了一个“光”字。李四光学成回国后，始终奋战在科学研究和国家建设的第一线，为我国的地质、石油勘探和建设事业、地震预测、预报以及地热的利用等方面做出了巨大贡献。

白居易名字的逸事

唐代著名诗人白居易，字乐天，其名典出《礼记·中庸》中“故君子居易以俟命”，其字与名相辅，有“乐天安命”之意。白居易 16 岁时初次进京参加进士考试。一天，他带上自己的诗作，去拜见校书郎顾况。顾况听说他叫白居易，端详了他好一会儿，然后开玩笑说：“近来长安米价很贵，恐怕在这里居住很不容易啊！”接着，顾况随手翻开白居易的诗稿。当他看到“离离原上草，一岁一枯荣。野火烧不尽，春风吹又生”时不由一惊，竟拍案连连叫绝，“好诗！真是好诗！”

此时，顾况意识到刚才奚落白居易的话有些不妥，就改口说道："老夫刚才说的是戏言，你才识过人，看来居住在这里就很容易了！"受到顾况的赏识、极力推荐与提携，从此白居易名声远扬。

李立三名字的由来

李立三是无产阶级革命家、中国工人运动的杰出领导人。他的名字的由来，如同他本人的革命斗争经历一样富有传奇色彩。李立三乳名风生，读私塾时，他的父亲李昌圭按祠堂的字辈，将其乳名风生改为正式名隆郅。1929 年他赴法勤工俭学，受到新革命思想的影响。回国后，他找到革命领导人陈独秀，恳请加入中国共产党。为便于工作，他曾改名李能至，五卅运动后又改名为李诚。后来和邓中夏坐火车到吴淞途中，他又提议把自己的名字改掉以便开展工作。邓中夏忽然抬头瞥见路边站着三个人，便灵机一动，建议他叫"三立"，后来又笑着说："三立不大好听，我看叫你李立三得了。"从此，李立三便成了他的名字且沿用下来。

温朋久名字的由来

人民外交家温朋久，1905 年生于天津，原名温瀛举，字鹏九。这个名字是他的大哥温瀛士起的，“鹏九”出自《庄子·逍遥游》“鹏之徙于南冥也，水击三千里，抟扶摇而上者九万里”，意义很好，气魄也大。

温朋久对姓氏名号也颇有研究，在漫长的革命生涯中，他曾两次改名，每次改名，都不是随意而为，而是赋予其特定的含义。他原字鹏九，但后来发现叫“鹏九”的人太多，便根据其谐音，改名为“朋久”，意思是“与朋友交，久而敬之”。

20 世纪 40 年代，他进入晋冀鲁豫解放区，投身革命，出任北方大学教授。为避免连累家庭，又改名为“汤铭”。“汤铭”喻为商汤浴盘上的铭文：“苟日新，日日新，又日新。”它表达了一种不断革新的追求，而这正与当时已步入中年的温朋久的精神状况相符。

金圣叹名字的由来

金圣叹，是明末清初的文学评论家，对《水浒传》《西厢记》《左传》等书及杜甫诸家唐诗都有评点。他为人幽默风趣，史称“狂傲有奇气”，终因“笑庙案”被杀。金圣叹，本姓张，字若采，明亡后改为人瑞，字圣叹。说起他的改名，还有一段传说。有一次，他和一群秀才、监生到文庙祭孔。大典方毕，那群平日斯文温顺的莘莘学子，突然都伸手去抢供桌上的猪肉和馒头，丑态百出。因为当时儒生们相信一种传说，谁抢到祭孔的大肥肉和馒头，谁就会中举、高升、做大官、得肥缺。张若采见状，即兴赋打油诗一首，给以辛辣的讽刺：天晚祭祀了，忽然闹吵吵。祭肉争肥瘦，馒头抢大小。颜回低头笑，子路把脚跳。夫子喟然叹：“在陈我绝粮，未见此饿殍！”

从此以后，他就改姓金，名人瑞，字圣叹了。“金”者，偶像之所谓金身也；“圣叹”者，孔子为之叹息也。

许三本名字的由来

明朝六大京官之一许三本，原名许作梅，新乡县西元丰人。他聪敏多学，直言敢谏，弹劾不避权贵。

一天，他第一本上奏了《水患疏》，接着，第二本又上奏了《遣民疏》，揭发兵部尚书王永吉、户部侍郎龚鼎孳假报灾情的罪恶。这时突然有人讥讽地问："许大人，今天可无本再奏了吧？"许作梅回头一看，竟是一位趋炎附势、嗜欲成癖的太监。他大声喝道："我第三本不奏别人，单奏你奉君不洗尘，袍帽不端，绦带直露！"（太监阉割之后，每次面君必先更衣。）说罢，许作梅就牵衣挽袖将太监拖至殿上。皇上见他能威震朝纲，敕封许作梅事无巨细一天可奏三本。

从此，"许三本"的名字便代替了他的原名许作梅。

李白名字的由来

李白，唐朝伟大的浪漫主义诗人，被后人尊称为诗仙，一生留下经典诗歌无数，他的诗歌激励了许多后人。

关于李白名字的由来有两种传说。

一种说法是，李母临产时，曾梦见太白星，故为他取名李白。

第二种说法是，相传李白到七岁时还没有正式的名字。一天，李白一家人在院中游玩，他父亲想作一首春日的七绝诗，有意考考儿子的本事。他咏了两句“春风送暖百花开，迎春绽金它先来”后，说：“后面的诗句我想不出来了，由你们母子二人续上吧。”

李白的母亲想了一会儿道：“火烧杏林红霞落”，她的话音刚落，李白就手指李树，脱口说道：“李花怒放一树白。”

他父亲听后，连声叫好，忽然心里一动：“这句诗的头一个字不正是自家的姓吗？这最后一个‘白’字不正是说出了李花圣洁高雅吗？”于是，他当即决定儿子的名字就叫李白。

贾平凹名字的由来

中国当代作家贾平凹，原名贾平娃，父母为他取名“平娃”，希望孩子平平安安，寄寓老辈人的祝福。

贾平娃初中毕业时，正赶上“文革”，回家务农几年。1972年4月，他作为首届工农兵学员，告别家乡的青山绿水，来到古城西安，进入西北大学中文系学习。

入大学后不久，贾平娃便改名贾平凹。他觉得自己上了大学，已长大成人了，而“娃”仍有没长大的孩子之嫌。为什么改“凹”呢?“凹”有两种读音、两个字义：其一，读āo，周围高中间低，与“凸”相对；其二，读wā，同洼，凹入处，如低洼。贾平娃改贾平凹后，从字音看，原名音不变，取wā音，凹、娃同音；从字义看，取āo（凹凸不平）之意。这样，贾平凹之“凹”，音义错开，既保留原来“贾平娃”的读音，又有凹凸不平之意。

对于自己的改名，贾平凹曾在他的《小传》中写道：“姓贾，名平凹，无字，无号。娘呼‘平娃’，理想于通顺；我写‘平凹’，正视于崎岖；一字之改，音同形异，两代人心境可见也。”

施耐庵名字的由来

我国名著《水浒传》的作者施耐庵，原名施彦端，元末明初钱塘人。他在江阴游学时，大财主徐麒羡慕他的品学，请他在东林庵讲学。施耐庵一边讲学一边写书。一天，他写到《水浒传》中石秀智杀裴如海，头陀敲木鱼这一段，突然想到东林庵珍藏的木鱼木槌，心中疑惑不解，便问徐麒：“你这庵里的木鱼木槌，为何像宝贝一样珍藏呢?”徐麒说：“这庵里原先住着一位老和尚，他念经拜佛用心极诚，一边念经一边敲木鱼。”说着他用手指着木鱼的凹陷说，“你看，这就是老和尚念经时敲下的痕迹，日久而成啊!”施耐庵听了，连连点头，感觉自己从事写书，也要有那种锲而不舍、专心致志的精神才行啊!事后，他提笔写了“耐庵”两个字，贴在门楣上，旨在告诫自己要排除一切困难，写好《水浒传》。外人不知其意，便把他称为“耐庵先生”。时间长了，他也觉得这个名字不错，便改名为施耐庵。

李公朴名字的由来

李公朴是爱国民主人士，生于江苏省淮安市，谱名永祥，字晋祥。“九一八”事变后致力于抗日救国运动和群众文化教育工作。

李公朴兄弟四人，按“仁、义、康、祥”排行，他是老四，故大名叫永祥。他三哥叫永康，二人合起来是“康祥”。1919年，“五四运动”的浪潮冲击镇江。李永祥怀着满腔的爱国热忱，日夜参加查日货揭露奸商的活动。这时候他受到孙中山先生一篇文章的影响，立志做人民的公仆，他感到“富贵荣华、隆盛康祥”封建色彩太浓，于是，他就对比自己大17岁的哥哥永康说：“我俩的名字要改一改，才能符合时代的精神。”永康问他改为啥名字才好时，他说：“今天社会上还是讲‘上智下愚’，认为劳动者是‘愚者’是‘下等人’，他们哪里想到世界是‘下等人’创造出来的！我志向不想升官发财，愿做人民公仆，名字改作‘公朴’，‘公朴’者‘公仆’也，号叫‘仆如’吧！”永康问永祥：“我改个啥名字好呢？”永祥说：“叫‘公愚’好了，和‘公朴’的意思差不多。”永康欣然接受。

附录1 起名常用字

在起名的过程中，汉字的笔画很关键。如果有繁体字，则应该按繁体字笔画计算。

一画

一、乙。

二画

刁、二、又、人、入、七、十、乃、了、力、丁、刀、几。

三画

也、于、弋、巳、兀、三、下、上、乞、士、夕、千、子、口、干、工、弓、久、己、土、大、丈、女、已、巾、勺、丸、寸、小、山、川、巳、才、凡。

四画

日、牙、王、云、匀、牛、四、丑、仁、什、切、升、壬、少、心、手、日、氏、水、尤、仍、双、尺、仇、止、才、不、互、分、匹、化、卞、反、夫、巴、幻、户、方、木、公、孔、亢、勾、中、之、丹、井、介、今、内、及、太、天、屯、斗、斤、牛、丑、支、允、元、勿、午、友、尤、尹、引、文、月、比、毛、仆、丰、火、片。

五画

司、且、史、左、世、出、市、玄、仔、冉、穴、示、生、申、充、主、仞、仟、册、加、去、只、叫、求、正、甲、申、石、匝、甩、丙、平、母、弘、末、包、本、弗、北、必、丕、半、古、切、可、瓜、甘、刊、五、丘、加、去、句、叫、外、巧、巨、玉、甲、令、加、占、主、巨、冬、他、代、仗、另、句、召、尼、正、田、旦、奴、凸、立、叮、仝、伏、台、奶、凹、五、外、央、右、未、永、以、戊、玉、瓦、由、幼、仕、巧、丘、仙、兄、布、皿、目、乏、禾、皮、疋、矛、乎、付、兄、卉、戊、民、玄、白、卯。

六画

有、羊、而、耳、衣、亦、吃、夷、聿、丞、企、休、任、先、全、再、冲、刑、向、在、夙、如、宅、守、字、存、寺、式、戌、收、早、旭、旬、曲、次、此、求、系、肉、臣、自、伉、光、匡、共、各、考、交、件、价、企、伍、伎、仰、吉、圭、曲、机、艮、仲、吉、州、朱、兆、决、匠、地、旨、朵、吏、列、年、劣、同、打、汀、至、臼、灯、竹、老、舟、伎、吊、吏、圳、的、宅、机、老、肉、虫、伊、仰、伍、印、因、宇、安、屹、舌、血、行、西、休、交、件、企、匠、吉、尖、而、至、色、伏、后、名、回、好、妃、帆、灰、牟、百、份、米、伐、亥、冰、刑、合、向、旭、朴、系、行、汜、复。

七画

伸、佐、作、伽、初、吹、呈、坐、孝、宋、岐、希、岑、床、序、形、忍、杏、材、杉、束、村、杞、步、汝、汐、池、私、秀、赤、足、身、车、辰、系、占、伺、住、余、助、劭、劬、邵、吸、坐、壮、妆、局、床、志、灶、即、却、克、何、伯、伴、佛、兵、判、别、含、坊、坂、吵、宏、旱、每、甫、牡、况、免、孚、孝、克、告、改、攻、更、杆、谷、况、伽、估、君、吴、吸、吾、圻、均、坎、研、完、局、岐、我、杞、究、角、言、住、低、佃、况、里、冷、伶、利、助、努、君、吝、昌、壮、妓、妞、局、弄、弟、彤、志、托、杖、杜、呆、李、男、究、良、见、角、具、皂、里、舟、佟、你、体、足、甸、町、豆、吞、玎、位、佐、佘、冶、吾、吟、吴、吻、完、尾、巫、役、忘、我、修、言、邑、酉、吟、吴、研、呆、角、尾、巫、希、庇、形、忙、杏、呆、步、汛、贝、儿。

八画

受、垂、奇、始、炊、姓、妻、妾、尚、屈、弦、所、承、昌、升、昔、松、欣、沙、沈、社、舍、炊、采、长、青、幸、亟、徇、佳、舍、争、其、刷、券、制、效、卷、姐、姒、姗、季、炙、宗、届、岫、征、承、昔、析、枕、状、并、佩、函、和、命、坡、坪、奉、孟、帛、府、佛、彼、忽、或、庠、房、扮、枇、扶、放、昏、朋、服、明、杭、杯、供、侃、刻、卦、固、坤、姑、官、冈、庚、快、抗、昆、果、空、亟、其、具、券、卷、奇、委、季、宜、居、届、岢、岸、杰、佳、京、侄、佳、来、例、制、到、兔、两、典、卷、周、呢、坦、奈、妮、宙、定、居、屉、帖、底、店、征、忝、忠、念、技、投、政、枝、东、林、汰、决、玖、知、的、直、纠、金、两、乳、侏、佰、侗、佻、佬、具、冽、卓、拈、妲、妯、宕、岱、岭、帖、帙、底、抒、林、杼、沓、炉、竺、长、依、侑、味、夜、委、宜、宛、岳、岸、岩、往、亚、武、於、易、昂、旺、沅、沃、汪、物、艾、卧、佯、儿、咏、抑、昀、炎、杳、事、享、侍、使、侈、然、刹、刺、协、卒、洽、沁、取、枚、板、沛、沐、汾、版、牧、虎、门、阜、杷、盲、非。

九画

思、性、施、昨、是、春、星、查、柴、栅、柔、染、泉、帅、甚、相、省、砂、祈、秋、穿、肖、重、首、西、食、香、侵、俟、峙、旭、注、沐、炷、祉、贞、昌、泓、侯、保、便、冒、勉、匍、奔、品、佩、杯、封、哈、皇、拔、抱、怕、柏、柄、泌、法、泡、炳、玫、盆、眉、红、美、虹、秒、表、负、面、风、飞、眄、胃、勃、厚、咸、叛、孩、奂、屏、枰、某、河、冠、奎、皈、客、故、柑、柯、况、看、科、肝、革、屋、癸、砍、禹、轨、页、亭、亮、柱、俊、侣、冒、段、劲、南、姬、姜、姣、宦、帝、度、痔、建、峙、待、律、怠、急、招、拒、拓、拙、拉、昭、架、柱、柳、注、治、炭、界、皆、突、纪、纣、耐、肚、致、计、订、军、酊、俐、胃、百、厘、咨、姝、姿、柁、沱、炭、妆、纣、重、珏、盅、眈、俄、俞、勇、威、娃、姻、姚、姨、屋、幽、彦、奕、哀、哇、玟、怡、押、映、昱、韦、油、泳、沿、姚、畏、烟、盈、禹、约、耶、衍、要、页、音、昱、柚、胤、易、信、侠、系、俗、促、俏、前、则、奏、型、姹、妊、姝、姿、室、宣、巷、咱、哉、泛、赴。

十画

持、拳、拾、时、书、曹、校、朔、桑、栽、殊、气、洽、珊、祠、神、祖、秦、秤、索、素、纱、纾、纯、虔、讫、训、财、起、轩、芩、闪、迅、倩、幸、修、仓、城、夏、孙、宰、容、射、峡、厝、叟、奚、畜、春、乘、借、准、淞、宵、指、拭、牲、洵、洳、狩、兹、珊、炸、租、站、宸、挈、旁、晃、桓、活、洪、畔、亩、眠、破、炮、秘、粉、纺、肺、肥、航、库、恭、拱、格、桂、根、耕、耿、股、肯、贡、高、个、刚、哥、宫、径、挂、皋、径、徒、倜、恬、拯、指、拿、料、旅、晋、朕、桌、桔、桃、桐、洞、流、洛、酒、烈、特、玲、珍、真、矩、祝、秩、租、站、级、纸、纳、纽、者、肩、芝、记、讨、酌、酒、针、钉、只、挑、借、倒、值、俱、倪、倘、伦、兼、唐、哲、娘、旃、娟、娜、展、峻、准、凌、洲、套、爹、特、留、俩、倜、庭、恫、耻、烙、料、栗、株、津、玳、畜、砧、恩、按、案、鸟、洋、秧、翁、纹、耘、育、芽、芸、蚊、袁、烟、倚、原、员、埃、宴、峨、倚、娱、容、峪、晏、移、益、差、师、席、座、徐、恰、息、恕、肩、般、芳、芙、花、配、马、侯、倍、俯、俸、们、圃、埋、娩、峰、肪、涵、畔、埔、害、恢、恍、恒、柏、派、洹、玻、泌、珉、祜、呗。

十一画

爽、犀、祥、绅、细、紫、组、绍、婧、羞、习、邢、舷、船、茄、若、处、术、袖、设、讼、责、赦、雀、雪、顷、彩、常、孰、侦、匙、圊、执、将、专、就、峥、崧、巢、庶、彩、悉、施、曹、淅、笙、钏、阡、凰、毫、培、婚、婆、妇、密、彬、彪、患、斌、曼、海、浩、烽、班、瓶、毕、盒、符、邦、胡、背、胞、胖、舶、范、茅、苗、袍、被、觅、访、货、返、国、寇、昆、康、苦、袍、规、贯、够、勘、崞、岗、梗、珙、偕、假、健、停、侦、剪、动、翎、念、基、坚、堂、堆、婧、寄、专、张、得、教、救、朗、条、梁、梯、械、梨、淅、浪、珠、略、皎、眷、窕、竟、第、终、累、舵、苓、架、诀、近、钓、顶、鸟、将、那、庶、振、挺、捉、捐、甜、祭、趾、囵、堆、凌、崃、带、帐、徕、悌、画、梁、梃、桶、町、娄、伟、偶、务、唯、问、婉、寅、尉、帷、庸、悟、悠、悦、敖、晚、梧、浴、眼、研、移、胃、苑、英、迎、野、鱼、欲、浣、翌、圉、乾、做、区、卿、参、售、启、商、唱、娶、妇、宿、崇、崎、崔、常、强、从、悄、叙、旋、晨、晟、族、消、贩、闭、麦、麻、邦、壶、票、冕、副、埠、屏、涵、捕、敏、皓、梅、第、珩、艴、苹。

十二画

婺、焱、琬、琰、畲、劳、博、堡、报、富、寒、嵋、帽、幅、帮、弼、复、彭、徨、偏、整、理、惠、扉、排、斑、酣、普、棉、棒、棚、涵、混、森、淮、淝、牌、画、番、发、皓、脉、茗、敢、款、淦、筐、给、贵、辜、开、凯、昆、诒、询、几、蛟、植、堵、堤、奠、岚、帧、掌、掘、捷、掏、掎、推、探、接、敦、景、智、晶、替、朝、椒、棠、栈、殖、淘、添、淡、净、焦、街、诊、理、荔、眨、贴、屠、贷、轸、迢、迪、迦、量、钧、钮、间、集、杰、劳、单、婷、喋、传、塘、塔、暖、楠、殿、渡、汤、帏、幄、惟、掩、椅、涯、液、渊、焰、为、异、砚、围、茵、越、阮、轶、雁、雅、寓、云、雯、媛、喻、贻、评、贺、费、买、贸、迫、邯、闵、防、阪、黄、傅、傍、媒、媚、黑、瓿

十三画

琴、琪、琦、睡、祺、稔、稠、筵、粲、绣、群、圣、莎、裙、诩、诗、试、诠、详、资、载、送、铅、阻、雌、颂、驰、熙、暄、琼、塞、嵩、想、桢、椿、岁、渚、煮、琛、庄、裟、输、轼、匮、块、干、感、揆、手、楷、港、琨、莞、夸、鼓、该、贾、传、仅、涂、塔、塘、廊、谦、提、敬、斟、极、楠、殿、汤、渡、绢、经、茎、莒、获、莅、庄、莉、蜀、里、装、解、詹、鼎、贾、路、迹、退、铃、钜、陀、电、雷、靖、顿、暖、桢、路、嫁、农、贮、贷、贴、轸、迪、钠、湍、琳、当、略、铃、鼓、励、庸、

园、圆、奥、爱、意、扬、援、握、榆、业、杨、椰、涌、渝、渭、游、炜、爷、烟、兽、犹、煜、碗、筠、义、肄、莞、莠、虞、蛾、裕、诣、郁、钰、雍、阿、预、饮、衙、莹、蓊、晕、渥、琬、琰、畹、筵、裔、淡、催、传、勤、势、嗣、塞、嵩、厦、新、喧、楸、楚、岁、湘、测、凑、煦、幕、汇、惶、挥、描、换、楣、枫、湖、浑、渺、涣、煤、烦、琶、琥、盟、睦、碑、禀、聘、腑、荷、莫、号、蜂、补、话、酩、附、颁、饭、晕、募、焕

十四画

廓、愧、沟、管、纲、诰、闺、魁、构、歌、恺、斡、荣构、嘏、通、连、这、甄、兢、喜、团、图、奖、嫡、对、僚、侥、屡、嶂、崭、彰、廖、熊、溜、监、祯、种、端、箕、筝、精、绿、紧、绫、纶、置、璋、畅、榔、糍、滇、尔、莱、赵、铬、领、瑙、奁、闻、嫣、愿、温、源、溢、尔、瑜、瑛、瑗、玮、与、舞、苑、诱、语、郢、银、摇、榕、荣、温、荥、溶、荪、菀、鞅、瑛、僖、逑、速、逍、肾、寿、塾、尘、嫩、实、像、侨、岖、慈、滋、沧、溶、溪、熊、狮、瑞、瑟、硕、算、粹、绸、综、绰、绮、翠、菁、菜、菖、裳、认、誓、诵、说、诚、轻、菘、造、速、衔、铨、限、需、韶、饲、饰、旗、畅、荣、榕、齐、熏、僦、尝、墅、奖、实、寨、慎、准、溯、搴、逢、梦、仆、

幕、滑、瑚、珲、碧、福、绵、翡、腑、萍、华、菩、蜜、裴、豪、宾、辅、郝、铭、阀、陌、颇、饮、凤、鸣、榜、槐、滏

十五画

萱、冲、褚、谁、请、贤、赏、赐、趣、娴、醉、锐、销、爽、霄、驷、确、磁、穷、箭、箱、竖、辍、帜、漩、渐、箴、节、绪、翦、蒽、诤、谆、质、醇、罚、划、哗、坟、墨、币、庙、废、慧、慕、慢、暮、樊、标、模、流、浒、汉、满、漫、漂、玛、缓、编、腹、铺、葆、葡、复、卖、赋、辉、辈、部、锋、陛、盘、码、篇、范、麾、劈、幡、慧、摩、沪、漠、磐、褒、宽、广、慷、惯、概、瑰、葛、葵、课、逵、郭、稿、靠、溉、锆、俭、著、价、厉、剧、剑、刘、妖、履、帜、弹、徵、德、虑、摘、敌、整、暂、椿、闾、乐、楼、樟、滴、渐、涨、浆、练、缔、蒂、骀、落、董、葶、蝶、调、谆、谈、诋、诤、谅、论、质、驼、践、轮、逮、进、醇、铝、阵、震、霆、驾、驻、稽、稻、稷、节、剪、几、鲁、黎、依、涤、墩、幢、嶙、锻、褚、亿、仪、影、慰、忧、乐、样、欧、毅、演、渔、敖、熠、熨、瑶、缘、纬、腰、万、莹、叶、苇、谊、逸、邮、阅、院、鞍、颐、养、欲、颍、粗、缓、卫、葳、骑、妩、鉴、署、啸、增、婵、审、层、厂、厨、厮、庆、摧、数、

枢、漆、熟、热、线、肠、兴、弼、荭

十六画

橙、橡、树、润、潮、甑、莳、璇、聪、融、亲、谌、谐、输、遂、醒、钱、错、陈、陲、赛、蓄、苍、侪、澍、莼、谊、铮、锡、阊、桦、壁、奋、播、抚、横、潘、磨、蒙、衡、谋、讳、讽、辨、锚、窥、糕、膏、盖、钢、龟、购、器、垦、横、橄、篙、馆、尽、坛、导、惮、战、撰、整、历、瞳、昙、暨、机、橘、洁、潭、灯、瑾、璋、庐、积、筑、蒸、诸、谛、诺、练、猪、赖、蹄、辑、道、达、都、录、锦、锭、陆、陶、陵、霓、霖、静、颊、头、雕、疆、腿、臻、赚、骆、莅、俦、橙、润、澈、笃、缙、萤、卫、谓、谒、谙、谕、豫、逾、游、运、阴、余、赢、蓉、蓊、勋、儒、器、学、宪、熹、憧、晓、桥、樵、陪、默、蒲、蓓、滨、嬖、凭、颖、蓉、运、阴、馀

十七画

拥、澳、营、蔚、荫、舆、镀、闹、阳、偿、择、擅、操、泽、澡、燧、禧、穗、簇、纵、总、聪、声、膝、襄、谦、逮、邹、乡、隋、虽、霞、霜、鲜、戏、鸿、壕、嫔、弥、帮、桧、篷、缝、繁、恳、桧、糠、馆、阶、瞰、励、岭、懂、挡、担、据、捡、激、浓、烛、瞳、璐、矶、磷、

绩、联、胶、膛、临、举、莲、蔗、蒋、讲、递、辗、镀、锻、钟、键、隆、队、骏、黛、点、泽、沣、潞、澄、优、婴、屿、狱、赢、应、忆、褒、锚、韩、蔓、徽、擘、扶。

十八画

柜、圹、归、缋、蒉、磬、纩、戴、拟、抬、挤、爵、涛、礼、简、粮、职、旧、蕉、谨、转、遮、题、镇、储、藜、芷、迟、鲤、翼、芸、讴、医、隘、额、瑷、莸、镒、隗、彝、潍、储、丛、曙、湿、织、萧、蕊、蝉、适、双、绣、锁垒、戴、断、柠、涛、泞、璐、礼、粮、藜、槟、滨、获、壁、环、蕃、丰、庞、璧、馥

十九画

麓、镜、觉、际、橹、栎、泺、辚、链、韵、稳、薏、薇、膺、臆、蚁、袄、遗、雾、愿、艳、薪、蕹、韫、玺、薛、薪、绳、蟹、识、赞、遵、迁、选、庞、沛、荐、谯、镟、锵、镞、铲、扩、关、铿、庐、疆、祷、荐、勒、襟、谭、证、轿、辽、邻、郑、邓、类、鲸、丽、际、颡、鹑、暹、攀、簿、绘、鹏、庞、瀑、宝、祢、薛、谱、镆、镘

二十画

矿、阚、岿、藉、蓝、拢、沥、泷、竞、篮、罗、舰、党、警、钟、露、腾、党、枥、槠、滤、濑、炉、窦、箬、

筹、镦、荩、严、瀛、耀、译、议、邀、懿、赢、萨、藏、薰、壤、悬、曦、琼、筹、脐、馨、释、献、坏、孀、籍、藉、谵、锈、钟、宝、怀、瀚、缤、还、迈、飘、膑、朦、濒、铧

二十一画

顾、钚、俪、栏、铁、鸡、镯、藤、览、镭、铎、铛、膑、丽、斓、樱、艺、藕、誉、跃、迩、莺、险、续、随、属、攘、誉、茑、鸡、藩、轰、辩、癖、霸、鹤、钚

二十二画

链、懿、蔼、隐、璎、蕴、鳙、欢、边、鳗、镔、沣、灌、垄、叠、笼、听、芦、览、读、铸、籁、苈、镬

二十三画

验、缨、织、显、钻、变、矿、恋、兰、体、滩、铄、鳞、驿、蘖

二十四画

罐、赣、雳、灵、陇、酿、鹰、霭、坝、璧

二十五画

观、戆、厅、篱、钥、瑷、镶、黉、颞

二十六画

逻、驴、湾、灒

二十七画

銮、骥、湾、钻、骧

二十八画

鹦、艳

二十九画

鹳、郁

三十画

吁、鹂

附录2　男子佳名推荐

泽华、凯定、子轩、俊晤、飞扬、夜洛、伟睿、光赫、鹏程、德本、明德、自强、智栋、博裕、正真、弘扬、睿才、腾宇、明煦、亦峰、成业、伟彦、宇学、阳州、泽康、烨霖、羿浩、圣瑜、昕森、骏弘、振濂、瑾尚、明亮、哲裕、承允、宜辰、宏胜、祺坤、兴学、兴业、天宇、煜海、言鸣、文博、九河、善庭、木增、远栋、钟中、延巍、郁城、祥业、裕渊、崇均、庚锦、照坊、齐鹏、赫超、峻麒、九朝、元昊、尚鹏、铠霖、孝智、洪常、齐斌、富通、来昌、捷顺、善乐、岳淳、焕威、林之、绍旗、裔通、稼豪、来禄、原庆、卓恒、铭之、鲁通、镇棋、清才、承勋、源权、其巍、宣祖、轩搏、纬轩、锦谋、正和、纯章、观佑、家伦、博允、自轮、盛帅、锦恩、亦功、义信、隆森、沅松、植一、路波、宇权、祖汇、颂武、楷权、宣磊、顺河、烁权、京良、本升、永璞、津川、宪和、有潮、生孝、跃森、智松、锡钏、耀培、彦柏、金权、远汛、万源、仁福、潮晖、宸星、友星、威志、瀚恩、厚植、士伍、源鸣、辅文、仕孟、啸朗、深学、驿轩、若继、宏原、业理、协望、宝秀、敏帆、可新、茁申、然川、近驹、万郎、尘璨、信幸、肖楚、流发、资卓、可羡、均湘、觅扁、沁古、钧田、党安、落钱、朋夜、敬旭、单桥、宁茗、景南、睦鲁、厉照、昊飞、丰焕、劲仁、奇贯、稠安、屏聪、菁水、巾赞、纪学、丛万、仁杰、竹朝、苏同、爽凌、文钱、若吟、学剑、想灿、斯澄、棉润、德骏、俱伙、蒲奇、芹革、屏南、湘彤、其竹、艾有、军琛、德民、羿豪、强羿、沁云、衷桥、皆策、沐传、临力、毕彤、记融、江汇、映修、穗丰、君宪、代聚、楼岸、益钧、羽星、申宣、爽健、骋兆、共可、靖启、利愿、河武、希禄、成房、潮然、琢帜、记艾、维峦、江岚、眺章、水策、春韦、裕昇、当坤、鲁窍、行麟、蜀士、慎行、意鼎、赫徽、文勤、冬耿、臣夜、潮杭、光键、池腾、祖真、权基、韦珩、韦财、熊霆、佩学、北尹、协应、示琪、悦焙、蜀贞、珂腾、康玉、竹金、行量、铮缘、云凉、良志、沫荣、菁鸿、吟爽、博培、万全、聪励、真声、慎曦、震聪、磊凡、甘磊、宏霖、健煦、满真、太琮、民御、伴景、寒富、千诚、壮麟、熊迢、锦本、菊栋、少翊、彬加、匀飞、飞润、菘琰、声农、旬江、文羡、韶玄、融克、涪向、攀庆、佳桓、细锐、汇升、融中、奎广、昧凡、兢真、悟奋、坤兢、照诸、佟舜、棋涪、宠锦、共轩、傍古、欢祈、从冰、三鸣、欣悠、胜辉、丞序、观叙、静孰、有睿、育槐、流煦、格照、史棠、敬廉、齐超、晔玄、冬源、意銮、伟鸿、静岸、皓岳、孟辰、嘉时、昔众、潇行、衷烈、森曙、共明、欣璨、彬依、照连、雏冰、玻易、恋雄、奇茗、卓善、翔云、宇礼、颖杭、田民、悟安、宁笙、信桥、靖湘、书旭、宁武、秀欢、倚霆、海鸣、轩嘉、佚弘、金伟、奕伟、永华、文龙、鼎熙、明杰、飞蒲、海涛、楚渝、安生、冠哲、兴文、天泓、科武、康英、恒瑞、超越、建强、文清、明羲、晔亮、泽西、志鹏、绎翔、兴仁、兴义、家龙、家伟、子丹、汝林、自仁、逸飞、晨熙、克铮、信渝、珩宁、豪尚、思源、城朗、俭洋、亚和、若君、尉启、舟棋、德泽、海超、海阳、海荣、海逸、海昌、瀚钰、瀚文、涵亮、涵煦、明宇、涵衍、浩晶、浩波、浩博、浩初、浩宕、浩歌、浩广、浩邈、浩气、浩思、浩言、鸿宝、鸿波、鸿博、鸿畅、鸿达、鸿德、鸿飞、鸿风、鸿福、鸿光、鸿文、鸿轩、鸿远、鸿云、鸿志、鸿卓、嘉澍、光济、澎湃、彭泽、鹏池、鹏海、浦和、浦泽、瑞渊、越泽、博耘、德运、辰宇、辰皓、辰钊、辰铭、辰锟、辰阳、辰韦、辰良、辰沛、晨轩、晨涛、晨濡、晨潍、鸿振、吉星、铭晨、起运、运凡、运鹏、运浩、运诚、运良、运鸿、运锋、运盛、运升、运杰、运珧、运骏、运凯、运乾、维运、运晟、运莱、运华、耘豪、星爵、星腾、星睿、星泽、星鹏、星然、震轩、康震、震博、振强、振博、振华、振锐、振凯、振海、振国、振平、晨朗、德昌、德曜、敬曦、昆颉、鹏煊、曦晨、曦之、新曦、昌勋、昌盛、昌茂、昌黎、昌燎、昌翰、晨朗、昂然、昂雄、昂杰、昂熙、范明、飞昂、高旻、德明、德昌、智伟、智杰、智刚、智阳、瀚彭、旭炎、宣朗、学智、昊然、昊天、昊苍、昊英、昊宇、昊嘉、昊明、昊伟、鸿朗、华晖、金鹏、晋鹏、景明、景天、景浩、昆明、昆杰、昆雄、昆纶、鹏涛、治汇、俊晖、君昊、昆琦、昆鹏、昆纬、昆宇、昆锐、昆卉、昆峰、轩昂、彦昌、旭彬、旭尧、旭鹏、旭东、浩轩、浩瀚、浩慨、浩阔、鸿熙、鸿信、泽洋、泽雨、哲瀚、胤运、佑运、允晨、运恒、运发、云天、耘志、耘涛、振荣、振翱、中震、子辰、晗昱、瀚玥、瀚昂、景行、景中、景逸、景彰、绍晖、文景、永昌、子昂、智宇、智晖、晗日、昊硕、昊磊、昊东、鸿晖、文昂、曦哲、浩然、鸿运、辰龙、运珹、振宇、高朗、景平、鑫鹏、昌淼、炫明、昆皓、曜栋、向东、东霆、鹏思、明昱、木郁、正涛、汉松、震兴、颂竹、剑辉、英民、心豪、冠曦、锐强、亮岩、桥俊、简启、品信、致名、滕庆、乔宇、常裕、廉义、卓叙、锦权、俊水、轩程、甫安、春忠、宇德、昱铎、河刚、俭溢、经若、介中、广毕、熹刚、长坤、贞宇、悦声、守承、羿宇、豪生、明庆、厚俊

附录3　女子佳名推荐

惠君、朗然、若芳、绿兰、颐真、子帆、春柏、晨辰、忻欢、田田、白易、碧白、冷雁、念烟、以丹、子璇、秀曼、凡波、柔绚、含香、欣合、碧琴、友珊、哲思、依霜、愉心、宛妙、晓兰、如曼、凝静、月朗、悠雅、思琳、丁兰、向雁、昕妤、忆彤、访儿、陶然、鸣晨、贤惠、冰安、希蓉、天晴、笑阳、灵秋、梦琪、亦云、若星、荷风、馨音、予心、如冰、雪石、雪纯、若虹、信美、其美、天舒、锦云、紫云、别韵、春荣、净娟、梦痕、弄影、素娥、疏桐、双燕、晓风、星月、独影、兰谷、令仪、蔓苓、舒啸、沉君、蕙畹、香如、香彩、雨萍、雨荷、雨春、雨燕、雨雁、叶青、欣尔、美贤、泽慧、月仙、怀钰、采苹、秋雁、芳菲、芳辰、芳林、飞羽、飞雨、飞雪、飞梅、竞芳、兰芷、兰洁、兰芳、若冰、润庭、素月、汀兰、杏阁、秀谷、淡秋、淡春、点梅、丽蕴、丽泽、丽明、浦雁、乘月、月帆、池月、月轩、月晴、丛菊、东菊、春鸣、风荷、月荷、湖月、秋兴、秋云、秋枫、天韵、天霞、玉露、露凝、玉冰、玉燕、竹露、竹清、竹君、紫茸、紫薇、如烟、探微、知彰、探梅、柔惠、雪云、忆湘、忆南、紫晨、虹影、日新、若水、玉盈：玉盈、玉立、晶盈、如梅、如茵、如雪、蕴玉、家珍、兰若、若皎、若秋、卓如、卓然、真如、卓月、深秀、诗秀、抒真、晓丹、晓天、晓白、竹仙、竹青、翠云、报春、杏春、满春、采薇、采香、芳原：芳原、静芳、美芳、幽芳、清秋、清芳、清婉、盛荔、素荣、晓燕、语燕、虹雨、霁光、明虹、雨霞、如玉、如虹、洁若、莲如、曲云、闲云、纤云、若化、素园、心如、心香、心悦、心莹、佩兰、杏香、杏雪、雨新、雨佳、雨霏、雨奇、应芬、碧波、晴翠、晴柔、如清、婉如、婉若、瑞雪、妙雪、秀林、君秀、桂可、华亭、碧莹、碧红、碧芳、莹玉、莹静、蓝青、新美、雁行、雁秋、燕云、含烟、含英、含容、梦雪、梦梅、梦花、秋江、秋影、溶泉、潭影、诗乐、倚云、云屏、云水、云霞、云轻、静溪、雪丹、友兰、依秋、依波、紫萱、涵易、忆之、幻巧、美倩、安寒、白亦、惜玉、碧春、怜雪、听南、念蕾、紫夏、凌旋、芷梦、凌寒、梦竹、千凡、丹蓉、慧贞、平卉、笑柳、雪卉、南蓉、谷梦、巧兰、绿蝶、飞荷、佳蕊、芷荷、怀瑶、慕易、若芹、紫安、曼冬、寻巧、雅昕、尔槐、以旋、初夏、依丝、怜南、傲菡、谷蕊、笑槐、飞兰、笑卉、迎荷、

佳音、梦君、妙绿、觅雪、寒安、沛凝、白容、乐蓉、
映安、依云、映冬、凡雁、梦秋、梦凡、秋巧、若云、
元容、怀蕾、灵寒、天薇、翠安、乐琴、宛南、怀蕊、
白风、访波、亦凝、易绿、夜南、曼凡、亦巧、青易、
冰真、白萱、友安、海之、小蕊、又琴、天风、若松、
盼菡、秋荷、香彤、语梦、惜蕊、迎彤、沛白、雁彬、
易蓉、雪晴、诗珊、春冬、晴钰、冰绿、半梅、笑容、
映秋、盼烟、晓凡、涵雁、问凝、晓山、雁蓉、梦蕊、
山菡、南莲、飞双、凝丝、思萱、怀梦、雨梅、冷霜、
向松、迎丝、迎梅、雅彤、香薇、以山、碧萱、寒云、
向南、书雁、怀薇、思菱、忆文、翠巧、书文、若山、
向秋、凡白、绮烟、从蕾、天曼、又亦、从语、绮彤、
之玉、凡梅、依琴、沛槐、又槐、元绿、安珊、夏之、
易槐、宛亦、白翠、丹云、问寒、易文、傲易、青旋、
思真、雨珍、幻丝、代梅、盼曼、妙之、半双、若翠、
初兰、惜萍、初之、宛丝、寄南、小萍、静珊、千风、
天蓉、雅青、寄文、涵菱、香波、青亦、元菱、翠彤、
春海、惜珊、向薇、冬灵、惜芹、凌青、谷芹、雁桃、
映雁、书兰、盼香、梅致、寄风、芳荷、绮晴、映之、
醉波、幻莲、晓昕、傲柔、寄容、以珊、紫雪、芷容、
书琴、美伊、涵阳、怀寒、易云、代秋、惜梦、宇涵、
谷槐、怀莲、英莲、芷卉、向彤、新巧、语海、灵珊、

凝丹、小蕾、迎夏、慕卉、飞珍、冰夏、亦竹、飞莲、秋月、元蝶、春蕾、怀绿、尔容、小玉、幼南、凡梦、碧菡、初晴、宛秋、傲旋、新之、凡儿、夏真、静枫、芝萱、恨蕊、乐双、念薇、靖雁、菊颂、丹蝶、元瑶、冰蝶、念波、迎翠、海瑶、乐萱、凌兰、曼岚、若枫、傲薇、雅芝、乐蕊、秋灵、凤娇、觅云、依伊、恨山、从寒、忆香、香菱、静曼、青寒、笑天、涵蕾、元柏、代萱、紫真、千青、雪珍、寄琴、绿蕊、荷柳、诗翠、念瑶、兰楠、曼彤、怀曼、香巧、采蓝、芷天、尔曼、巧蕊、懿抒、忻阳、抒姝、蔓歆、涵菀、紫暄、美亿、琳遥、莉盈、懿娺、函忻、诗慕、思雅、如晔、贝宇、芳彤、奕耘、洛缘、芸绮、美凝、歆莉、凝天、婼琴、可娺、绮璐、雅原、耘怡、琳馨、兮雯、含彤、羿遥、怜竹、语寰、含苒、芸融、雅如、淑懿、昱娺、宸琳、乐容、山薇、悦淑、雪亦、冬萱、露晨、岚茹、婵柔、晗言、韵瑶、怀蝶、语璐、宇芙、云琦、文蔓、羿昕、馨语、逍莹、琴飞、宜谣、焓抒、韵涵、歆岩、云可、淑昊、琬琴、暄莹、暄丽、淑霏、萱彤、皓雅、芯萱、美昕、晗宜、雪谊、醉春、莉萧、子夕、昕滢、书羽、雯羿、儒梦、函桃、姝恬、娺萧